進德修業
格物致知

华南师范大学附属中学校训

　　华南师范大学附属中学前身始于清光绪十四年（1888年）的广州格致书院，至今已有130年历史。1952年，岭南大学附中、中山大学附中、广东文理学院附中、华南联大附中四校合并，定名为"华南师范学院附属中学"；1982年，随华南师范大学更名为"华南师范大学附属中学"。历代华附人秉承"进德修业，格物致知"的校训，遵循"以完整的现代教育塑造高素质的现代人"的办学宗旨，坚持"培养为民族复兴而努力学习的时代新人"的育人理念，形成"敢为人先，追求一流，崇尚卓越"的华附精神，不断引领中国基础教育改革新方向。

华南师范大学附属中学校本课程丛书

# 自然力高级课程之中国系列

ZIRANLI GAOJI
KECHENG
ZHI ZHONGGUO XILIE

冯 丹 ◎ 编著

**编 委 会 名 单**

丛书主编：姚训琪

编委会成员（排名不分先后）：

  吴 青  肖朝云  陈慧华  黄华林  李之宁

  林佩珠  林 勇  连洪泉  黎 斌  盖英俊

  杨 媛  罗碎海  周建锋  林 琪  申西芬

  冯 丹  何博雯

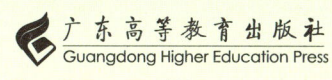

广东高等教育出版社

Guangdong Higher Education Press

·广州·

图书在版编目（CIP）数据

自然力高级课程之中国系列 / 冯丹编著. —广州：广东高等教育出版社，2018.12

（华南师范大学附属中学校本课程丛书）

ISBN 978–7–5361–6353–9

Ⅰ. ①自… Ⅱ. ①冯… Ⅲ. ①自然地理–中国–高中–教学参考书 Ⅳ. ① G634.573

中国版本图书馆 CIP 数据核字（2018）第 278370 号

| | |
|---|---|
| 出版发行 | 广东高等教育出版社<br>地址：广州市天河区林和西横路<br>邮编：510500　营销电话：（020）87553735<br>网址：www.gdgjs.com.cn |
| 印　刷 | 佛山市浩文彩色印刷有限公司 |
| 开　本 | 787 mm×1 092 mm　1/16 |
| 印　张 | 15.5 |
| 字　数 | 370 千 |
| 版　次 | 2018 年 12 月第 1 版 |
| 印　次 | 2018 年 12 月第 1 次印刷 |
| 定　价 | 48.00 元 |

# 总　序

　　习近平总书记在2018年全国教育大会上指出，"培养什么人、怎样培养人、为谁培养人"是教育的根本问题。我校在开齐开足国家规定的必修课程的同时，开设"多元开放、结构系统"的校本课程，就是要回答"怎样培养人"的问题。随着新一轮课程改革的推进，我校确立了"国家必修课程优化和整合化，校本选修课程精品化和融合化"的实施策略，通过课程育人，激发学生学习兴趣，丰富学生学识，使学生不断接触学科发展前沿知识，掌握学科思维与方法，培养学生的创新精神和实践能力，努力培养为民族复兴而努力学习的时代新人。我们用坚守与创造，对"培养什么人和为谁培养人"的教育根本问题给出了自己的答案。

　　《国家中长期教育改革和发展规划纲要（2010—2020年）》指出，高中阶段教育是学生个性形成、自主发展的关键时期，对提高国民素质和培养创新人才具有特殊意义；创造条件开设丰富多彩的选修课，为学生提供更多选择，促进学生全面而有个性的发展。自20世纪90年代以来，我校坚持"以完整的现代教育塑造高素质的现代人"的办学宗旨，以"培养为民族复兴而努力学习的时代新人"为育人目标，不断引领中国基础教育改革的新方向。为更好地落实立德树人的根本任务，推动学校育人模式的转变，满足学生个性化、多样化的学习和发展需求，我校结合各学科特点，从拓展课程和创新课程两个维度构建了多元开放、结构系统的学科课程体系，包括自然科学类、人文科学类、体育艺术类、社会实践类、学生发展指导类和国际教育类6大模块近100门校本课程，扩大了学生学习的自主权，引导学生自主选择、自主学习、自主发展。

　　在校本课程的实施过程中，我校采取选修课程、活动课程与学生社团三位一体的实施策略。不少选修课程逐渐与校园活动的开展、学生社团的发展融合，互相促进，和合共生。学生基于爱好与兴趣参加学生社团，在参加校园活动或外出比赛交流活动中，不仅凸显自己的特长，也为今后的学习生涯做了很好的规划。

同时，我校不断探索以项目式教学为载体的跨学科融合校本课程实践。跨学科融合既是培养学生跨学科学习能力的基础，也是产生创新性成果的重要途径。采取项目式教学的校本课程，着重培养学生将知识融会贯通，进行跨学科整合的能力，以及独立思考能力和创造力。

在多年校本课程开发与实施的过程中，经过不断的反思、总结与优化，很多课程都开发了富有学科特色、符合学生需求、形式多样的配套课程资源，如课件讲义、参考资料库和校本教材等。这些课程资源的整合与开发，充分地将各学科特色与学生的需求结合起来，从学科教学的实际情况出发，不断地对教学所需要的内容进行整合与优化，为校本课程的高质量实施提供了重要基础。

为了更好地满足教师的教学需要和学生的学习需求，发挥学生的主体作用，在校本课程开发与实施的基础上，我校组织各学科教师认真研究、总结与反思，精心编写了这套丛书。

华南师范大学附属中学<br>校长、党委书记 姚训琪<br>2018 年 11 月 18 日

# 前　言

## 一、关于本书

本书所写的一切都是为了参加自然力课程的孩子、家长乃至带队教师更全面地了解自然力课程这个新事物。它尚开始发展，就像一株幼苗，有待人们提出宝贵意见和建议。正像自然力概念提出者冯丹老师所言，人每天面临的困难、困扰及问题那么多，如何解决和发展它们才是"自然达人"最核心的思考。希望借助这本书，家长和带队教师进一步认同笔者的教育理念及体会其对教育的深度热爱。帮助即将参与我们课程的孩子们接受挑战，胜利归来。本书只是自然力高级课程资料的一部分，配合大自然工作坊平台的课程问卷，大家还可以更好地了解自然力中级课程的全部（关注公众平台：大自然工作坊，回复"丹霞山中级自然力课程问卷"字样，就可以浏览问卷）。

## 二、关于自然力课程

把自然力这个概念用于教育教学，是基于笔者在华南师范大学附属中学12年的寒暑两假期的冬、夏令营活动组织过程中发现的问题。孩子们脱离学校的学习生活，对自然景观表现出极大的欢喜，对辽阔地貌呈现出巨大的惊叹，让作为带队教师的我欣慰不已。但是同时，孩子们也展现了许多让我们措手不及的状态：欢喜但是不知从何入手深入了解自然，快乐但是转眼就被营期中各种小事引发的小矛盾搞得情绪起伏；为人处世的自私态度，和人交流不畅的状态，对待困难的畏缩情绪，家长在其中的疑虑和包办、焦虑和纠结，统统都让我不得不思考：作为一名教育工作者，我该如何帮助孩子们和家长们解决这些问题？

2013年9月—2015年3月，我在华南师范大学附属中学初中奥校连续做了3期校本选修课"大自然工作坊"，该课程每期学员由15个家庭组成，每期30人，一共有45位学生和45位家长参与这个课程的学习。3期过后，让我深刻地意识到，冬、夏令营遇到的问题，应该是课程设置上出了问题。

课程，应该包括前期进行设计的大纲、课程内容，以及课程实施的环节和课程评价。冬、夏令营活动，假如只考虑游玩，或者说游学，根本不能称之为课程。最多只能是一些游览性知识的增加，不能承载教育功能。在上"自然力课程"这门选修课的过程中，我和孩子们的接触比寒、暑两假更持续，加上孩子的家长也参与，我们可以更近距离接触到包括亲子关系在内的所有问题。孩子们的智能差异导致的自我认知偏差，思辨能力差异导致的决策能力高低不同，缺乏体能持续训练导致面对困难的畏难情况，缺乏交往技能培训所导致的矛盾冲突问题等。我再次清楚地看见当今教育问题，在学校、家庭的双重保护下，孩子们如温室的花朵，不要说遭遇风雨后能否再现彩虹，家长们唯恐孩子遭遇风雨、遭遇挫折的所作所为，已经让孩子们失去很多，这不仅仅是缺乏强健的体魄，而且使他们缺乏思辨能力和发现问题的能力，没有完备的社交技能，遇见自然环境中的各种问题不能有效解决，只能解决试卷上预设的问题，失去了应对变化、应对困难、应对挫折的实践能力。

我很担心这些"高智商"的孩子如何在21世纪世界公民的竞争中脱颖而出？

人，来自自然。社会和自然原本就是一个事物的两个方面。假如我们以自然界万物为教育的背景，进行一系列的教育课程的设计，配合校内学习的内容体系，培养孩子在自然界中适应变化、克服困难、发现问题、妥善交流等能力，他（她）会不会更容易适应未来的社会？

### 三、我们尝试

1. 结合自然学科各知识作为案例分析的素材。
2. 加以主动设问观察法的训练，提升思辨能力。
3. 穿插各种社交技能为核心的课程内容。
4. 全程采用体验式学习方法进行授课。
5. 对不同年龄段学生形成系统的学员考核评估。

### 四、自然力课程包含三大类

1. 学科课程是以自然背景为教学素材，着眼学生学习的兴趣；从中发现个体多元智能的优势领域，增加学生学习成就感。
2. 思辨课程是帮助学生学会使用主动设问观察法，达成批判性思维的培养，促成

## 前言

青少年提升判断问题的能力和主动发现问题的能力。

3. 欢乐课程中的自然情景剧演练社交技能培养，是辅助其完成以上两个内容板块的工具和核心技能，也是21世纪人才所需要的最重要技能之一，本课程参照了美国中小学社会技能课程中提及的25个社会交往技能为培养目标。

我们力求培养一批这样的孩子：他们不仅热爱自然，还知道如何热爱自然，更知道如何利用资源和工具解决在自然情景中遇到的问题，应对突发困难及变化，做出正确的决断，和团队或者其他个体通过沟通，达成合作共赢。

自然力教育的提出是基于一线教学实践活动的，它来源于教学，扎根于教育。

这是一本给带队教师、自然力导师、学生及家长们使用的一本工具书。本书内容主要包括总纲和内文两部分。

（一）总纲

1. 自然课程流程图。
2. 自然力课程体验式学习法四要素。
3. 初、中、高级自然力课程。
4. 自然达人评级体系。

（二）内文

内文共包含六章：第一章西南地区；第二章华北地区；第三章北方地区；第四章通识学科；第五章营地社交；第六章思辨探讨。

按上述设计规划的教育学科内容，采取课堂和实践、营地和团队相结合的教学模式授课和自然力培训，使参团的自然力营地队员成长为合格或优秀自然力达人。

自然奥秘无穷尽，人类探索无止境。本书撰著所涉及的地理自然界知识仅为沧海一滴。但是吾辈不忘初心和教书育人之志，为创新地理学科理论与实践相结合教学模式、努力贡献自己微薄之力。若有不妥之处，敬请指正为盼！与此同时，仅向为本书编写而辛勤工作的大自然工作坊全体同仁，表示衷心感谢！

**广东省特级教师　　冯丹**
2016年7月5日撰于华南师范大学附属中学名师工作室

# 总 纲

## 1. 自然力课程流程图

## 2. 自然力课程体验式学习法四要素

通过自然力课程的学习以及 10 余项学科实践受训，你将成为合格或优秀的自然达人。

# 3. 初、中、高级自然力课程

| 学科课程 | | | | | | | | | | | | | | | | | | | | | | | | | | | | | | | |
|---|---|---|---|---|---|---|---|---|---|---|---|---|---|---|---|---|---|---|---|---|---|---|---|---|---|---|---|---|---|---|---|
| 岩石课程 | | | 河流课程 | | | 植物课程 | | | 听鸟课程 | | | 天文课程 | | | 求生课程 | | | 自然创作 | | | 实验课程 | | | 文化课程 | | | 经济课程 | | | 远足课程 | |
| 初级课程 | 中级课程 | 高级课程 | 初级课程 | 中级课程 | 高级课程 | 初级课程 | 中级课程 | 高级课程 | 初级课程 | 中级课程 | 高级课程 | 初级课程 | 中级课程 | 高级课程 | 初级课程 | 中级课程 | 高级课程 | 初级课程 | 中级课程 | 高级课程 | 初级课程 | 中级课程 | 高级课程 | 初级课程 | 中级课程 | 高级课程 | 初级课程 | 中级课程 | 高级课程 | 初级课程 | 高级课程 |
| 初级自然力课程（3天）：2个中级课程+1个初级课程 ||||||||||||||||||||||||||||||||
| 中级自然力课程（5天）：2个高级课程+1个初级课程（或者1个中级课程） ||||||||||||||||||||||||||||||||
| 高级自然力课程Ⅰ（7~10天）：3个高级课程+2个中级课程+1个初级课程 ||||||||||||||||||||||||||||||||
| 高级自然力课程Ⅱ（11~15天）：3个高级课程+2个中级课程+2个初级课程 ||||||||||||||||||||||||||||||||
| 学科课程每个课时授课时间为2~3小时 ||||||||||||||||||||||||||||||||

| 思辨课程 | | |
|---|---|---|
| 思维初级 | 思维中级 | 思维高级 |
| 初级自然力课程：1次思维初级 |||
| 中级自然力课程：1次初级+1次中级 |||
| 高级自然力课程Ⅰ：3次初级+2次中级+1次高级 |||
| 高级自然力课程Ⅱ：3次初级+3次中级+1次高级 |||
| 每次思辨课程训练时间为2~3小时 |||

| 欢乐课程 | | | | |
|---|---|---|---|---|
| 1阶 规则课程 | 2阶 赏识课程 | 3阶 Love课程 | 4阶 成就课程 | 亲子课程 |
| 初级自然力课程（3天）：可以选择各阶段课程1个，共4个 |||||
| 中级自然力课程（5天）：可以选择各阶段课程2个，共8个 |||||
| 高级自然力课程Ⅰ（7~10天）：可以选择各阶段课程3个，共12个 |||||
| 高级自然力课程Ⅱ（11~15天）：可以选择各阶段课程5个，共20个 |||||
| 每次欢乐课程授课时间为15~30分钟 |||||

# 4. 自然达人评级体系

我们鼓励学生持续参加自然力课程,按照学习达标的学科课程、思辨课程、技能课程来进行"自然达人"等级评价。

| 自然达人 | 学科课程/个 | 思辨课程/等级 | 技能课程/个 |
| --- | --- | --- | --- |
| 1级自然达人 | 3 | 初级 | 4 |
| 2级自然达人 | 5 | 初级 | 8 |
| 3级自然达人 | 6 | 中级 | 12 |
| 4级自然达人 | 7 | 中级 | 15 |
| 5级自然达人 | 9 | 中级 | 20 |
| 6级自然达人 | 9 | 高级 | 25 |
| 7级自然达人 | 15 | 高级 | 40 |
| 8级自然达人 | 18 | 高级 | 50 |
| 9级自然达人 | 25 | 高级 | 60 |
| 10级自然达人 | 30 | 高级 | 80 |

希望你可以成为一名高情商、高智商、高财商的"超级自然人"。

# 目 录

## 第一章　西南地区

**云南地质地貌及少数民族文化科考** …………………………………………… 1

　学科1·岩石课程 …………………………………………………………………… 1

　　课程1　石林地貌 ………………………………………………………………… 1

　　课程2　喀斯特对人类发展的影响 ……………………………………………… 2

　　课程3　高原湖泊成因 …………………………………………………………… 4

　　课程4　小滥田地质剖面 ………………………………………………………… 6

　学科2·文化课程 …………………………………………………………………… 9

　　课程1　石林彝族 ………………………………………………………………… 9

　　课程2　苗族县城 ………………………………………………………………… 11

　　课程3　哈尼村寨 ………………………………………………………………… 13

　学科3·植物课程 …………………………………………………………………… 16

　　课程　区域特有植物和景观变化 ……………………………………………… 16

　学科4·经济课程 …………………………………………………………………… 19

　　课程1　元阳梯田和梯田耕作法 ………………………………………………… 19

课程2　箐口村和建水古城老街改造 ………………………………… 22
　　课程3　制陶村的发展 …………………………………………………… 23

## 大贵州滩地质地貌及毛南族文化科考 ………………………………… 25

　学科1·岩石课程 …………………………………………………………… 25
　　课程1　地球演变及史前生物 …………………………………………… 25
　　课程2　大贵州滩探秘 …………………………………………………… 30
　　课程3　碳酸盐岩溶地貌 ………………………………………………… 33
　学科2·水课程 ……………………………………………………………… 35
　　课程　喀斯特地区的河流 ……………………………………………… 35
　学科3·天文课程 …………………………………………………………… 37
　　课程1　夏季星空 ………………………………………………………… 37
　　课程2　国之重器——FAST …………………………………………… 39
　学科4·文化课程 …………………………………………………………… 42
　　课程1　非物质文化遗产 ………………………………………………… 42
　　课程2　毛南族文化 ……………………………………………………… 45
　学科5·综合考察课程 ……………………………………………………… 51
　　课程1　人和坝子——六硐综合自然环境调研 ……………………… 51
　　课程2　低纬度岩穴的成因分析 ………………………………………… 56

# 第二章　华北地区

## 黄河中下游地质地貌及中原文化科考 ………………………………… 61

　学科1·水课程 ……………………………………………………………… 61
　　课程1　黄河悬河为哪般 ………………………………………………… 61
　　课程2　黄河大调沙 ……………………………………………………… 65

## 学科 2·岩石课程 ·········································································· 68
### 课程 1　地球演变及史前生物 ······················································ 68
### 课程 2　探秘小科罗拉多大峡谷 ···················································· 70
### 课程 3　岩石上的力量平衡 ···························································· 74
### 课程 4　为什么佛像总是被偷走 ···················································· 76

## 学科 3·文化课程 ·········································································· 79
### 课程 1　学会参观博物馆 ······························································· 79
### 课程 2　残垣秘密 ·········································································· 82
### 课程 3　石刻生死 ·········································································· 86
### 课程 4　穆斯林的故事 ··································································· 88
### 课程 5　生活与自然的缘分 ···························································· 91

## 学科 4·经济课程 ·········································································· 95
### 课程 1　现代农业模式 ··································································· 95
### 课程 2　空心村现象 ······································································· 98
### 课程 3　景区商业网点调研 ··························································· 100

## 学科 5·植物课程 ········································································· 101
### 课程 1　植物保卫战 ····································································· 101
### 课程 2　我的植物地图 ································································· 104

# 第三章　北方地区

## 北方古陆地质地貌及草原文化科考 ················································ 106
### 学科 1·岩石课程 ········································································· 106
#### 课程 1　物质元素的奇妙组合之矿物岩石 ···································· 106
#### 课程 2　坚硬的岩石　远古的历史 ·············································· 109

| 课程 3 | 阿斯哈图的冰雪故事 | 112 |
| 课程 4 | 火山熔岩和沉积物 | 115 |

### 学科 2·文化课程 … 117

| 课程 1 | 明长城 | 117 |
| 课程 2 | 汇宗寺 | 120 |
| 课程 3 | 历史的印记 | 123 |

### 学科 3·植物课程 … 126

| 课程 1 | 离离原上草 | 126 |
| 课程 2 | 白音敖包国家级自然保护区 | 128 |

### 学科 4·综合考察课程 … 131

| 课程 1 | 人类活动对自然保护区的影响（1） | 131 |
| 课程 2 | 人类活动对自然保护区的影响（2） | 134 |
| 课程 3 | 浑善达克沙地 | 138 |
| 课程 4 | 内流河 | 140 |

### 学科 5·经济课程 … 143

| 课程 | 现代农业模式调研 | 143 |

## 黄河河套地质地貌及北方文化科考 … 146

### 学科 1·岩石课程 … 146

| 课程 1 | 阴山南北　文化交融 | 146 |
| 课程 2 | 第四纪火山群 | 149 |

### 学科 2·文化课程 … 158

| 课程 1 | 秦长城 | 158 |
| 课程 2 | 五当召 | 160 |

### 学科 3·综合考察课程 … 163

| 课程 1 | 人类活动对自然环境的影响（1） | 163 |
| 课程 2 | 人类活动对自然环境的影响（2） | 165 |

课程 3　库布齐沙漠 …………………………………… 167
　　课程 4　灌区河道 ……………………………………… 170
　学科 4·经济课程 ……………………………………… 174
　　课程 1　观光农业模式调研 …………………………… 174
　　课程 2　伊利和蒙牛是怎样炼成的？ ………………… 177
　　课程 3　文俗商业网点的调研 ………………………… 180

# 第四章　通识学科

**鸣翠课程** ……………………………………………… **182**
　课程 1　"菜鸟"的幸福 ……………………………… 182
　课程 2　早起的鸟儿有虫吃（1） …………………… 185
　课程 3　早起的鸟儿有虫吃（2） …………………… 187

# 第五章　营地社交

　课程 1　我的队友你在哪里 …………………………… 191
　课程 2　赏识自己 ……………………………………… 198
　课程 3　LOVE ………………………………………… 204
　课程 4　我的生日会 …………………………………… 210
　课程 5　我是一棵"树" ……………………………… 216

# 第六章　思辨探讨

**思辨·批判性思维**……………………………………………………… **219**
　　课程　学会区别事实和观点 ……………………………………… 219

**思辨·逻辑性思维**……………………………………………………… **221**
　　课程　学会用事实去支持观点 …………………………………… 221

**思辨·结构性思维**……………………………………………………… **224**
　　课程　让问题变得更清晰 ………………………………………… 224

# 第一章

# 西南地区
## 云南地质地貌及少数民族文化科考

## 学科1·岩石课程

### 课程 1 石林地貌

📚 学习资料

　　石林是一种特殊的古岩溶形态，为巨厚的石灰岩体经雨水强烈溶蚀、侵蚀，沿裂隙分割而组成的石柱综合体。

#### 1. 地貌特征

　　云南东部的路南、陆良、罗平一带均有石林分布，以路南石林著称于世，亦为云南东部高原地貌的一部分。路南石林附近为海拔 2 000 米左右的高原，地面起伏平缓，相对比高不及 100 米。该高原在本区主要由石林、洼地和漏斗等形态组成。石林可分两类：一类是以大石林区为代表的高大石柱，它主要呈簇状分布于较高的陇岗地带和洼地的边缘分水线部位，高度在 20~30 米，其间沟壑纵横，沟底一般无红色土充填，顶部受降水的强烈溶蚀和冲刷，形成无数冲刷溶沟和蜂窝状溶沟。另一类较矮小，亦成簇状分布于较低部位，多数与漏斗、洼地边缘部位有关，高 10 米左右，顶部较平坦，其间多有红色土、泥岩和砾岩。石林之间的溶蚀洼地、漏斗众多。

#### 2. 形成原因

　　（1）路南石林主要形成时期是始新世至渐新世早期，是与云南高原同时形成的，为这个准平原面的组成部分。路美邑组、小屯组为石林形成时期的相关沉积层。石林形成后，部分出露地表，部分埋藏于上覆地层之下。

　　（2）形成石林的岩石条件是巨厚的、产状平缓的亮晶生物碎屑、生物碎屑泥晶、砾屑、砂屑泥、晶灰岩，硅化作用对石林发育不利。

　　（3）石林形成的古气候条件是一个明显的干季和雨量十分充沛的雨季的季节性热带气候，它的气候条件与现代我国有石林发育的广西靖西一带相当，与坦桑尼亚东北部、新几内亚等地近似。

## 技能要素

（1）了解地貌类型区分。
（2）了解石林发育的原因及特点。

## 课程笔记

## 运用练习

请根据教师的介绍，用自己的话描述石林地貌特点及成因。

| 地貌特点： | 成因： |
| --- | --- |
|  |  |

## 课程 2　喀斯特对人类发展的影响

## 学习资料

### 1. 喀斯特

喀斯特即岩溶，是水对可溶性岩石（大多为石灰岩）进行以化学溶蚀作用为主，流水的冲蚀、潜蚀和塌陷等机械作用为辅的地质作用，以及由这些作用所产生的现象的总称。"喀斯特"一词源自前南斯拉夫西北部伊斯特拉半岛碳酸盐岩高原的名称，当地称为"裸露的岩石"。

### 2. 喀斯特地貌

喀斯特地貌是具有溶蚀力的水对可溶性岩石进行溶蚀作用等所形成的地表和地下形态的总称，又称岩溶地貌。除溶蚀作用外，还包括流水的冲蚀、潜蚀，以及坍陷等机械侵蚀过程。我国喀斯特地貌分布区域较广，如广西、云南等地。喀斯特地貌主要特征体现在溶洞、天坑等地理现象上。图1-1为喀斯特地貌形态。

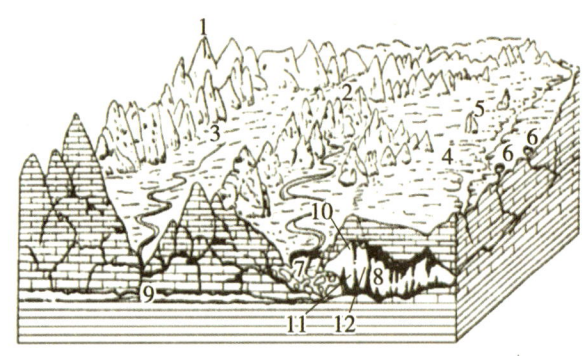

1. 峰林；2. 峰丛洼地；3. 丛谷地；4. 喀斯特平原；
5. 孤峰；6. 喀斯特漏斗；7. 落水洞；8. 溶洞；9. 地下河；
10. 钟乳石；11. 石笋；12. 石柱

图1-1 喀斯特地貌形态

### 3. 石灰岩

石灰岩主要是在浅海的环境下形成的。石灰岩按成因可划分为粒屑石灰岩（流水搬运、沉积形成）、生物骨架石灰岩和化学、生物化学石灰岩。按结构构造可细分为竹叶状灰岩、鲕粒状灰岩、豹皮灰岩、团块状灰岩等。石灰岩的主要化学成分是 $CaCO_3$，易被溶蚀，故在石灰岩地区多形成石林和溶洞。

### 技能要素

（1）掌握喀斯特地貌的类型。
（2）了解喀斯特地貌发育的原因及特点。

### 课程笔记

### 运用练习

（1）选择一个靠近游人游览区附近的喀斯特地貌地表地区，沿直线每隔5米做一个样方（自行制定线路），共做3个（如图1-2所示），每个样方大小为1米×1米，观察样方里的植被（种类、数量、高度等形状的变化）情况，完成表1-1，并分析产生变化的原因。

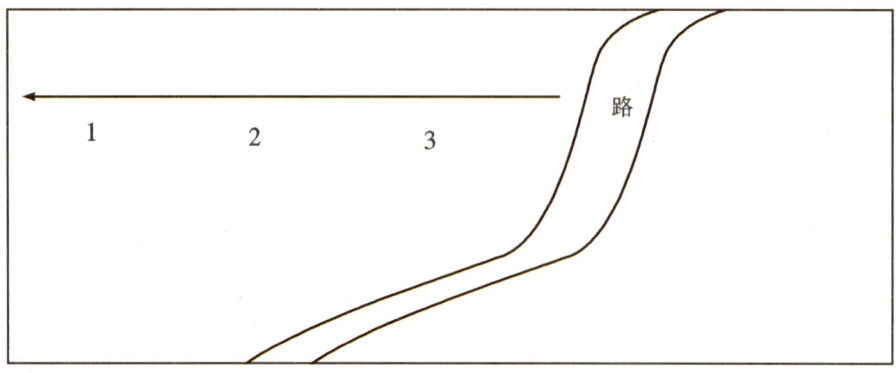

图1-2 样方制定示意图

分析各样方中植被情况变化的原因：

表1-1 样方里的植被情况

| 项目 | 样方1 | 样方2 | 样方3 |
| --- | --- | --- | --- |
| 种类 | | | |
| 数量/棵 | | | |
| 高度/厘米 | | | |
| 密度/% | | | |
| 土壤覆盖度/% | | | |

（2）请拍摄高石芽、溶斗、溶蚀盆地中任意一个地貌照片，发至微信学习群中。

## 课程 3 高原湖泊成因

### 学习资料

**1. 高原湖泊**

高原湖泊是对那些海拔相对较高的湖泊的模糊定义，与一般湖泊相比，高原湖泊通常是咸水湖，地质构造上一般是构造湖。

## 2. 洱海

洱海，古称昆明池、洱河、叶榆泽等。因其状似人耳，故名洱海，位于云南省大理白族自治州大理市。湖水面积约 246 平方千米（一说 251 平方千米），蓄水量约 29.5 亿立方米，呈狭长形，北起洱源县南端，南止大理市下关，南北长 40 千米，是仅次于滇池的云南第二大湖，中国淡水湖中居第 7 位。洱海形成于冰河时代末期，其成因主要是沉降侵蚀，属高原构造断陷湖泊，海拔 1 972 米。

 **技能要素**

了解高原湖泊的成因。

 **课程笔记**

**运用练习**

（1）用示意图记录云南省最深的高原淡水湖的形成原因。

（2）观察淡水湖附近居民的经济发展方式并论述其利弊。

## 课程 4 小滥田地质剖面

### 学习资料

**1. 地质剖面**

又称地质断面，是沿某一方向，显示地表或一定深度内地质构造情况的实际（或推断）切面。地质剖面又分实测地质剖面和路线地质剖面或随手地质剖面。地质剖面同地表的交线，称地质剖面线。表示地质剖面的图件，称地质剖面图。地质剖面是研究地层、岩体和构造的基础资料。根据剖面资料划分填图单位，是地质填图工作的前提。测制地质剖面，是地质调查工作的重要方法之一。根据不同岩类特征可分别测制地层剖面、火山—构造剖面、花岗岩单元—超单元剖面、矿区（或矿床、矿体）剖面等。

**2. 小滥田地质剖面**

该地质剖面位于澄江化石世界自然遗产地的东北侧，帽天山北偏东约2千米处。属于帽天山向斜的西翼，地层出露好，自下而上包括渔户村组、筇竹寺组和沧浪铺组，代表了前寒武纪末期至寒武纪早期连续的地层沉积，剖面长度485米，地层出露厚度282米。地层内包括寒武系/前寒武系的界线、寒武纪开始时期的成磷事件及寒武纪大爆发时期重要化石如小壳化石和闻名世界的澄江化石。

小滥田剖面是澄江化石最重要的产地之一，200余个澄江化石物种中绝大部分物种在该剖面被发现，例如栉水母、云南虫、抚仙湖虫等。

第一章　西南地区

### 3. 寒武纪生物大爆发

在距今约 5.3 亿年前一个被称为寒武纪的地质历史时期，地球上在 2 000 多万年时间内突然涌现出各种各样的动物，它们不约而同地迅速起源、立即出现。节肢、腕足、蠕形、海绵、脊索动物等一系列与现代动物形态基本相同的动物在地球上来了个"集体亮相"，形成了多种门类动物同时存在的繁荣景象。

中国云南澄江生物群、加拿大布尔吉斯生物群和凯里生物群构成世界三大页岩型生物群，为寒武纪的地质历史时期的生命大爆发提供了证据。

 **技能要素**

（1）学会地质剖面的绘制。
（2）了解岩性和断层对地貌的影响。

 **课程笔记**

 **运用练习**

（1）绘制小滥田地质剖面图。

（2）如何找到一块化石？请将你找到的化石拍照。

（3）参观博物馆过程中，记录你最喜欢的化石及简单绘制一下它的形态及其他信息，完成表1-2。

表1-2　化石信息表

| 化石名称 | 科属 | 简笔画素描 | 挖掘点 | 意义 |
| --- | --- | --- | --- | --- |
|  |  |  |  |  |
|  |  |  |  |  |
|  |  |  |  |  |
|  |  |  |  |  |
|  |  |  |  |  |
|  |  |  |  |  |
|  |  |  |  |  |
|  |  |  |  |  |

## 学科 2·文化课程

### 课程 1 石林彝族

**📚 学习资料**

彝族是我国一个有着悠久历史和古老文化的民族，也是中国第六大少数民族，主要聚居在中国西南的云南、贵州、四川三省。

#### 1. 彝族节日

彝族的节日主要有"火把节""彝族年"等。"火把节"是彝族地区最普遍且最隆重的传统节日，每到火把节，彝族男女老少，身穿节日盛装，打牲畜祭献灵牌，尽情跳舞唱歌、赛马、摔跤。夜晚，手持火把，转绕住宅和田间，然后相聚一地烧起篝火，翩翩起舞。

#### 2. 彝族服饰

彝族服饰种类繁多，甚至是县与县之间都略有不同，但是无一例外地都色彩纷呈。这源于彝族特有的传统文化和审美意识，比如凉山型，其传统衣饰以自织自染的毛麻织品为主，喜用黑、红、黄等色；而乌蒙山型服饰过去多以毛、麻织品为主，现多用布料，颜色与凉山型略有不同，多为青、蓝色。在漫长的历史发展过程中，生活在不同地区的彝族人民，因为各地的环境和审美差异，各自创造和形成了不同的服饰习俗，彝族服饰在彝族物质民俗构成中占有重要地位。

#### 3. 彝族银饰

彝族人对于银器的热爱体现在方方面面，从新生儿降临，童帽镶有的银饰，到孩子长大用银做的耳环、头饰、衣饰、领饰等，而女性繁复的服装也主要用银饰来搭配装扮。尤其在婚礼上，还有大量的银饰胸饰和背饰。甚至老人离世时，家属也会将银放入其口中，这样做是希望老人在去世之后能获得灵魂上的安宁。

#### 4. 彝族饮食

彝族居住的地区，地理环境和自然条件复杂，植物和动物资源极为丰富。居住在山区和半山区的彝族以种植荞麦、大麦、小麦、玉米、燕麦、洋芋为主；在溪谷、湖盆、平坝地区则以种稻谷为主，玉米和其他作物为辅。

## 技能要素

（1）认识不同少数民族聚落的土地利用方式。
（2）了解不同文化习俗下的生活方式。

## 课程笔记

## 运用练习

（1）请观察石林彝族村居民生活习惯并比较一下自己了解的一些村庄，记录你的文化考察并分析原因，完成表1-3。

表1-3 石林彝族村文化考察情况表

| 请填写对比内容 | 石林彝族村 | 你了解的某村 |
| --- | --- | --- |
|  |  |  |
|  |  |  |
|  |  |  |

（例如，彝族村落其他文化景观，如生活方式、语言、服饰、饮食、其他风俗等特点并分析其与所处地区地理环境的关系）

（2）简单绘制彝族村落布局及建筑布局情况。

(3)根据以上绘制的彝族村落及建筑情况图中标注出的文化景观,分析其特点、成因及演变,并完成表1-4。

表1-4 彝族村落文化景观情况表

| 序号 | 项目 | 文化景观 |
|---|---|---|
| 1 | 特点 | |
| | 成因 | |
| | 演变 | |
| 2 | 特点 | |
| | 成因 | |
| | 演变 | |

## 课程 2 苗族县城

### 学习资料

苗族的历史悠久,在中国古代典籍中,早就有关于5 000多年前苗族先民的记载,这就是从黄河流域直到长江中游以南被称为"南蛮"的氏族和部落。苗族居住在高山地带,以农业为主,农作物有稻谷、苞谷、荞子、薯类和豆类,经济作物是麻。苗族没有文字,但有丰富的民间口头文学,如古歌、诗歌、情歌等。苗族也善舞蹈,芦笙舞最为流行。

1. 宗教信仰

苗族的主要信仰有自然崇拜、图腾崇拜、祖先崇拜等原始宗教形式。苗族对一些巨形或奇形的自然物,往往认为是一种灵性的体现,因而对其顶礼膜拜,酒肉祭供。其中苗族比较典型的自然崇拜物有巨石(怪石)、岩洞、大树、山林等,也有一些苗族信仰基督教、天主教。

2. 服饰特色

苗族服饰从总体来看,保持着中国民间的织、绣、挑、染等传统工艺技法,在运用一种主要的工艺手法的同时，穿插使用其他的工艺手法，或者挑中带绣，或者染中带绣，或者织绣结合，从而使这些服饰图案花团锦簇，溢彩流光，显示出鲜明的民族艺术特色。

苗家的姑娘最爱穿百褶裙，一条裙子上的褶有 500 多个，而且层数很多，有的多达三四十层。苗家姑娘盛装的服饰常常有数千克重，有的是几代人积累继承下来的，素有"花衣银装赛天仙"的美称。

### 3. 苗族节日

苗族是一个富有古老文明、讲究礼仪的民族，岁时节庆独特鲜明。苗族传统节庆按功能含义分为农事活动节庆；物质交流节庆；男女社交、恋爱、择偶节庆；祭祀性节庆；纪念性、庆贺性节庆。

### 4. 苗族建筑

苗族由于特有的迁徙历史，在建筑选材和房屋构建方面形成了自己特有的建筑风格。苗家人喜欢木制建筑，一般为三层构建，第一层为了解决斜坡地势不平的问题，所以为半边屋，堆放杂物或者圈养牲畜；第二层为正房；第三层为粮仓。有的人家专门在第三层设置"美人靠"供青年姑娘瞭望及展示美丽，以便和苗家阿哥建立初步关系。苗家整个村寨都使用木材作为建筑材料，被现代建筑学家们誉为最具生态的建筑方式。木制杆栏式建筑既解决了山地建筑平地少的问题，也解决了农家杂物堆放及牲畜的圈养问题。

### 🏆 技能要素

（1）认识不同少数民族聚落的土地利用方式。
（2）了解不同文化习俗下的各少数民族的生活方式。

### 📖 课程笔记

## 运用练习

观察苗族县城风貌，记录你观察到的新奇之处，并完成表1-5。

表1-5 苗族县城风貌观察情况记录表

| 项目 | 事实 | 观点 |
| --- | --- | --- |
|  |  |  |
|  |  |  |
|  |  |  |
|  |  |  |
|  |  |  |
|  |  |  |
|  |  |  |
|  |  |  |

## 课程 3 哈尼村寨

## 学习资料

### 1. 哈尼村寨

哈尼村寨在2005年《中国国家地理》主办的"中国最美的地方"评选活动中，被评为中国最美六大古镇古村之一。哈尼村寨集中体现了哈尼梯田文化的森林、村庄、梯田和水系四素同构的特征。这个森林—村庄—梯田—水系"四素同构"的生态系统，是一个活的系统，是哈尼人民改造自然，变自然生态为农业生态的独特创造，是人类活动与自然生态完美结合的范例。

### 2. 哈尼族

哈尼族，是跨境而居的国际性民族，也是中国少数民族之一，是中国的一个古老的民族。哈尼族主要分布于中国云南元江和澜沧江之间。

（1）历史缘起。哈尼族与彝族、拉祜族等同源于古代羌族。古代的羌族原游牧于青藏高原。公元前384—前362年间，秦朝迅速扩张，居住于青藏高原的古羌人游牧群体受到攻击，流散迁徙，出现若干羌人演变的名号。"和夷"是古羌人南迁部族的一个分支，当他们定居于大渡河畔之后，为适应当地平坝及"百谷自生"的地理环境和条件，开始了农耕生活。

（2）宗教信仰。哈尼族的宗教信仰主要是多神崇拜和祖先崇拜，认为天地间存在着强有力的天神、地神、龙树神和具有保护神性质的寨神、家神等，必须定期祭祀，祈求保佑。对于给人们带来疾病和灾难的各种鬼神，则要通过祭祀和巫术加以制约、驱赶。西双版纳的哈尼族每年要祭"龙巴门"（即寨门）。

（3）传统服饰。哈尼族喜用藏青色土布做衣服，土布漂染是将靛青染料放入一个容器，加水和酒溶解，七八天后开染。染后将布浸泡在牛皮制作的胶水中，用清水漂洗晒干。有些地区，洗一次衣服要重染一次，以保证色彩鲜艳。

哈尼族男子头裹黑色或白色包头，老人戴瓜皮帽，穿对襟上衣和长裤，穿布鞋或用木板、棕绳制作的木板鞋。哈尼族女子的服饰各地区各有特色，红河地区穿右开襟无领上衣，以银币做纽扣，下穿长裤，着盛装时外加一件披肩，有的还系花围腰，打花绑腿，在衣服的托肩、大襟、袖口及裤脚上，都镶有几道彩色花边，坎肩则以挑花做边饰，穿高筒尖头绣花鞋。西双版纳和澜沧一带的哈尼族妇女，下穿长及膝盖的折叠短裙，打护腿，平时多赤足，喜庆节日爱穿绣花鞋；女子蓄发编辫，少女多垂辫。岁数较大的妇女把辫子盘于头顶，用黑或蓝布缠头，或戴自制的帽子；帽上镶小银泡、料珠，或是垂下许多丝线编织的流苏；也有的喜爱用银链和成串的银币、银泡作胸饰，戴耳环和耳坠。澜沧一带的哈尼族妇女喜戴大银耳环。

 **技能要素**

（1）认识哈尼族聚落的土地利用方式。
（2）了解哈尼族的生活方式。

 **课程笔记**

## 运用练习

（1）对哈尼村寨和苗寨进行调研，记录你观察到的新奇之处，并完成表1-6。

表1-6 哈尼村寨和苗寨对比表

| 对比项目 | 哈尼村寨 | 苗寨 |
| --- | --- | --- |
|  |  |  |
|  |  |  |
|  |  |  |
|  |  |  |
|  |  |  |
|  |  |  |
|  |  |  |
|  |  |  |

（2）用时间轴来表示哈尼文化发展历史。

（3）绘制哈尼族村落的土地利用图，并说明其土地利用原理及利弊。

# 学科 3·植物课程

## 课 程　区域特有植物和景观变化

### 📚 学习资料

**1. 植物对环境的指示作用**

植物的生活和分布深受所在地区环境条件的制约，所以有什么样的环境就可能有相应的植物种类分布，环境在空间上发生变化，植物种类也随着发生变化。反之，见到某种植物出现，就可以据此推断它所在地区的环境性质，这种作用叫作植物对环境的指示作用。

**2. 特有植物**

特有植物为某一地区所特有的植物资源。我国国土面积广阔，自然条件和地形复杂，因而珍稀特有植物丰富，其中颇多古老的残遗成分。

**3. 大围山原始森林公园**

大围山原始森林公园属大围山山系，总面积 4.4 万公顷，距县城 3 千米，地处北回归线以南，由于纬度偏低，年平均温度 16.5 ℃，从最低海拔 76.4 米到最高海拔 2 365 米，依次分布着湿润雨林、季节雨林、山地苔藓、常绿阔叶林，是我国大陆具有湿润雨林和热带山地森林垂直带系列最完整的地区，森林覆盖率达 76.3%，植被类型有季风常绿阔叶林、山地苔藓阔叶林、竹林、灌丛、木杉林五个群落，属热带、亚热带雨林生态类类型，这里的森林植被没有遭到大陆冰川的直接影响，保存了许多古老、濒危且特有的珍稀动植物。大围山至今保存的有记载的野生植物 331 科 1 539 属 4 765 种，野生动物 35 目 111 科 555 种，其中国家珍稀濒危保护植物 61 种，国家重点保护野生动物 58 种、一级保护野生动物 12 种，屏边苏铁、多头杪椤、中华蜂猴和赤面猴堪称屏边四绝。

由于未受第四纪冰期的影响，大围山成了古老热带动植物的避难所，因此又被称为"中国动植物的基因库"，是中国现存 3 个生物类群特有中心之一。保护区内有种子植物 188 科 1 055 属 3 619 种，有丰富的蕨类、苔藓等植物，其中我国 1984 年公布的首批 302 种濒危保护植物名录中，大围山就集中了 50 种，占 13%。由于大围山集聚了植物的古老性、珍稀性、多样性、完整性，因此成为生物多样性珍稀濒危植物最丰富的保护区之一，是研究种子植物起源、系统发育、分类学及区域学的重要地区。

### 4. 霸王鞭

霸王鞭（见图 1-3）属常绿多浆植物，茎粗壮，有五个棱，有成型的乳头状硬刺。喜温暖干燥和阳光充足的环境，耐旱、耐高温，不耐寒，温度偏低时常落叶。宜排水良好、疏松的沙壤土，培养得好主茎可高达 3 米。

图 1-3　霸王鞭

### 5. 飞机草

飞机草（见图 1-4）是多年生草本植物，根茎粗壮，横走。茎直立，高 1~3 米，苍白色，有细条纹；分枝粗壮，常对生，叶对生，卵形、三角形或卵状三角形，花序下部的叶小，常全缘。头状花序多数或少数在茎顶或枝端排成复伞房状或伞房花序，总苞圆柱形，总苞片 3~4 层，覆瓦状排列，外层苞片卵形，麦秆黄色，花白色或粉红色。瘦果黑褐色，5 棱，花果期 4—12 月。原产于中美洲，20 世纪 20 年代作为一种香料植物引种到泰国栽培，1934 年在云南南部发现，分布于中国台湾、广东、香港、澳门、海南、广西、云南、贵州。繁殖力极强，是一种具有竞争性的有害物种，属全球性入侵物种。2003 年已被中国政府列入《中国外来入侵物种名单》（第一批）。

图 1-4　飞机草

### 6. 紫茎泽兰

紫茎泽兰（见图 1-5）是多年生草本或亚灌木，植物界里的"杀手"，所到之处寸草不生，牛羊食之中毒。可进行有性繁殖和无性繁殖，对环境的适应性极强，无论在干旱贫瘠的荒坡隙地、墙头、岩坎，还是在石缝里均能生长。在 2010 年中国西南大旱后疯长蔓延，威胁到农作物的生长。被列入中国首批外来入侵物种，排在第一位。

图 1-5　紫茎泽兰

### 7. 余甘子

余甘子（见图 1-6）属大戟科叶下珠属植物，其果鲜食酸甜酥脆而微涩，回味甘甜，故名余甘，又名喉甘子、庵罗果、牛甘果等。该果呈球形或扁球形，直径 1.2~2 厘米。表面棕褐色至墨绿色，有浅黄色颗粒状突起，具皱纹及不明显的 6 棱，果梗约 1 毫米。余甘子树耐旱耐瘠，适应性非常强，喜光喜温，生长期 1~3 年。甘、酸、涩、凉，归肺、胃经，有清热凉血、消食健胃、生津止咳的功效。

图 1-6　余甘子

### 技能要素

（1）理解植物和环境之间的关系。
（2）识记部分特有植物种群。

## 课程笔记

## 运用练习

（1）请找出大围山若干代表植物，填入表 1-7 中。

表 1-7　大围山若干代表植物

| 代表植物 | 科属 | 生境 | 图片 |
|---|---|---|---|
|  |  |  |  |
|  |  |  |  |
|  |  |  |  |
|  |  |  |  |
|  |  |  |  |
|  |  |  |  |
|  |  |  |  |
|  |  |  |  |

（2）请填画下图，说明大围山气候以及植被垂直地带性的变化。

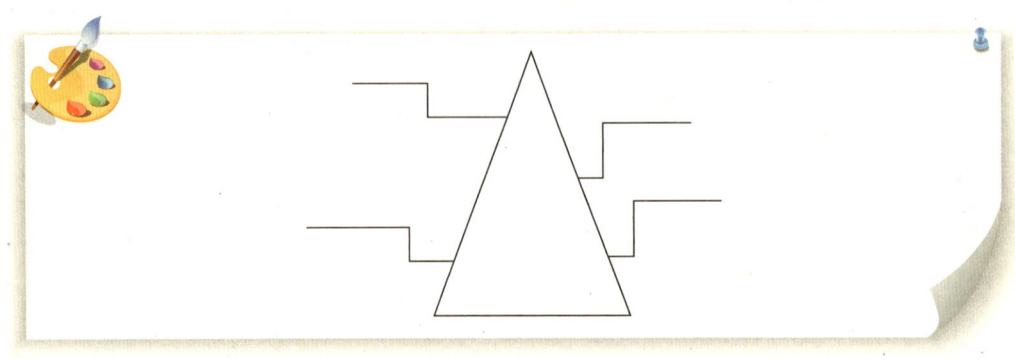

## 学科4·经济课程

### 课程 1 元阳梯田和梯田耕作法

📚 学习资料

**1. 元阳梯田**

元阳梯田位于云南省元阳县的哀牢山南部，是哈尼族人世世代代留下的杰作。哈尼族开垦的元阳梯田随山势地形变化，因地制宜，坡缓地大则开垦大田，坡陡地小则开垦小田，甚至沟边坎下石隙也开田，因而梯田大者有数亩，小者仅有簸箕大，往往一坡就有成千上万亩。

元阳梯田规模宏大，气势磅礴，绵延整个红河南岸的红河、元阳、绿春及金平等县，仅元阳县境内就有1.1万公顷梯田，是红河哈尼梯田的核心区。

元阳梯田之所以如此壮丽和独特。首先是大自然特殊地理结构所造成的。元阳位于云南省南部，而云南省地形分布的特点是西北高、南部低，从滇西北的中甸、丽江经大理、楚雄到滇南的思茅、版纳、红河、文山，海拔渐渐下降，形成了滇西北高海拔地区常年无夏的寒温带、寒带气候类型和滇南低海拔地区全年无冬的亚热带、热带气候类型。从滇西北到滇南，随着海拔下降，立体气候越来越显著，降雨量也越来越大。而且大受来自印度洋的水汽和元江的水汽蒸发的影响，形成云雨。全省降雨量最大的就是红河南岸哈尼族聚居地区，平均降雨量竟达1 397.6毫米，相应的稻作农耕越来越密集，旱地耕作越来越少。这就使从滇西北的怒江、澜沧江、长江水系到滇南江河水系流域，梯田稻作文化越来越发达，并最终在红河南岸哀牢山南段哈尼族地区形成全省及至全国最集中、最发达的梯田稻作区的地理构成环境。

**2. 梯田耕作法**

在梯田耕作上哈尼族形成了一整套科学合理的方法和制度。这种方法就是在找地开田时，要找不怕风吹、向阳、平缓、无病虫害、雀鸟不来吃又终年保水的肥沃坡地，开成台地后先种三年旱地，待其土熟，再垒埂放水把它变成梯田。哈尼族是通过挖筑沟渠来解决梯田用水的，古歌也唱到祖先们是如何在高山深涧和崖石上克服千难万险挖沟的，他们遇到绕不开的巨大岩石，就在岩石上堆上许多干柴，放火把石头烧红，然后用竹筒背来冷水浇上去炸开石头，这样就可以挖沟了。古歌称这样的挖沟是"挖出了岩神的三朵肝花，挖出了岩神的七朵腰花"，这是多么令人惊奇的景象啊！梯田要求田面要整理得很平，但古代没有测量仪器，怎么办呢？"田不平不要紧，请水兄弟来帮忙找平"，祖先们用放水平田法解决了这个问题。这些都是哈尼祖先智慧和创造精神的体现。

## 技能要素

(1) 了解影响经济发展的要素。
(2) 尝试归纳不同经济门类事物发展的特有规律。

## 课程笔记

## 运用练习

(1) 什么是土壤剖面？为什么要研究土壤？请选择某地，研究不同海拔处的土壤类别，并完成表1-8。

表1-8 不同海拔处土壤类别情况表

| 海拔/m | 土壤类别 |
|---|---|
|  |  |
|  |  |
|  |  |
|  |  |
|  |  |
|  |  |
|  |  |
|  |  |

（2）设计元阳梯田调查列表。

一般步骤是：

①思考调研内容并分类；

②思考影响每一项调研内容的要素；

③采用性价比最高的调研方式和注意事项。

（3）绘制元阳梯田森林—村落—梯田—河谷四素同构的生态系统示意图，说明各要素之间的关系。

## 课程 2 箐口村和建水古城老街改造

### 学习资料

**1. 箐口村**

箐口村位于云南省红河州元阳县新街镇南部，距元阳县城 37 千米，由于地处高寒山区，耕地土壤有机质含量少，土层瘠薄，农作物产量低，农业以传统水稻种植为主。随着哈尼文化旅游热的升温，旅游业逐渐成为箐口村的支柱产业。

**2. 建水古城**

建水古城位于云南昆明之南 220 千米，古称步头，亦名巴甸。建水古城现为国家历史文化名城，其古城历经 12 个世纪的建设，至今保存有 50 多座古建筑，被誉为"古建筑博物馆"和"民居博物馆"，知名建筑有"朱家花园""张家花园"和"朝阳楼"等。

### 技能要素

（1）了解影响老街改造的因素。
（2）了解民族社区和旅游发展之间的矛盾。

### 课程笔记

### 运用练习

（1）设计调研问卷，调研箐口村民族社区参与旅游的困难。
（2）分析老街改造的利弊，完成表 1-9。

表 1-9　老街改造的利和弊

| 利 | 弊 |
|---|---|
|  |  |
|  |  |
|  |  |
|  |  |

## 课程 3　制陶村的发展

### 📚 学习资料

建水的碗窑村是个窑火烧出来的村落，是当地著名的制陶村。这里出产的紫陶"体如铁、明如水、亮如镜、声如磬"，花瓶装水不发臭，花盆栽花不烂根，茶壶泡茶味正郁香，餐具存肴隔夜不馊。它虽与江苏宜兴陶、广西钦州陶、四川荣昌陶并列中国"四大名陶"，但却鲜为人知。

#### 1. 碗窑村历史发展

碗窑村依山傍水由东向西逶迤排列，距建水城北约 2 千米。村前有泸江河支流绣球河汩汩流过，村后张家沟后山俨然天然彩屏，蕴藏着丰富的五彩陶土。碗窑村从 1 000 多年前至今，这里的居民大多以烧制陶瓷为生。村后形迹可辨有名有姓的 20 多处古窑遗址和遗址附近方圆十数平方千米的陶瓷残片堆积层以及眼前景致奇特的在炊烟中仰立墙头的瓦缸瓦罐，都不容置疑地向后人证明，碗窑这本卷帙浩繁的巨著，从里到外，从上到下，堆积了不同历史时期的沉积物。1980 年中央工艺美术学院与建水工艺美术陶厂首次对建水古陶遗址和陶瓷残片进行叩访，他们惊喜地发现了大量的宋代青瓷、元代青花、明代粗陶和清代紫陶的残片。瓷都景德镇的古窑之中，亦先后发掘出建水窑的器物。可见当时建水陶瓷声名远播，但由于诸多历史原因致使建水陶业走向衰落，昔日的一段辉煌，掩埋进了沉寂的废墟。直到 20 世纪 80 年代初期，才重获新生。

#### 2. 建水紫陶制作工艺

建水紫陶的主要工艺特征分六步，漂浆制泥、手工拉坯、湿坯装饰、雕刻填泥、土窑高温烧制和无釉磨光。不过找土却是建水紫陶生产的第一个重要环节，紫陶的泥料需腻而黏不含砂粒，面对颜色和土质没有多大区别的五彩土山，哪一层土能够做陶，就只有经验丰富的老艺人才能慧眼识得了。

## 技能要素

（1）了解第一产业和第二产业发展的转型模式。
（2）了解小手工业在新时代变革期的发展模式。

## 课程笔记

## 运用练习

（1）了解建水碗窑村聚落布局情况，了解制陶流程并绘制生产流程图。

制陶生产流程图：

（2）调研建水碗窑村居民的收入及支出情况，说明城市化发展对乡村的影响。

# 大贵州滩地质地貌及毛南族文化科考

## 学科 1 · 岩石课程

### 课程 1 地球演变及史前生物

#### 学习资料

古生物学家借助标准化石将地球发展史分为了四大阶段。不存在硬体化石的远古时代被称为前寒武纪，即寒武纪之前的时代。紧跟其后的是古生代、中生代和新生代。地质年代及其对应的生物进化阶段如表 1–10 所示。

表 1–10 地质年代表及对应的生物进化阶段

| 宙 | 代 | 纪 | 同位素年龄/百万年 | | 生物进化阶段 | |
|---|---|---|---|---|---|---|
| | | | 距今年龄 | 持续时间 | 植物 | 动物 |
| 显生宙 | 新生代（Kz） | 第四纪（Q） | 2.5 | 2.5 | 被子植物 | 人类出现 |
| | | 第三纪（R） | 67 | 64.5 | | 哺乳动物 |
| | 中生代（Mz） | 白垩纪（K） | 137 | 70 | 裸子植物 | |
| | | 侏罗纪（J） | 195 | 58 | | |
| | | 三叠纪（T） | 230 | 35 | 蕨类植物 | |
| | 古生代（Pz） | 二叠纪（P） | 285 | 55 | | 鸟类 |
| | | 石炭纪（C） | 350 | 65 | 裸蕨植物 | |
| | | 泥盆纪（D） | 400 | 50 | | 爬行动物 |
| | | 志留纪（S） | 440 | 40 | | |
| | | 奥陶纪（O） | 500 | 60 | | 两栖动物 |
| | | 寒武纪（∈） | 570 | 70 | | 鱼类 |
| 隐生宙 | 元古代（Pt） | 震旦纪（Z） | 2 400 | 1 830 | 菌藻类 | 无脊椎动物 |
| | 太古代（Ar） | | 4 500 | 2 100 | | |

## 1. 不平静的地表

（1）地壳的岩石构成。岩石是由多种矿物组成的混合物，例如花岗岩是由石英、长石和云母等矿物组成的。三大类岩石包括岩浆岩、沉积岩、变质岩。

①当灼热的熔岩即岩浆从地底冒出时，会慢慢冷却、凝固、结晶，形成不同种类的矿物，这些矿物又能重新结合成新的岩石。人们称这类岩石为岩浆岩。

②沉积岩是在地表不太深的地方，在常温常压条件下，由风化作用、生物作用和某些火山作用产生的物质，经过水流或冰川的搬运、沉积以及成岩作用而形成的岩石。

③任何一块原始岩石被放到变化中的温度下，或者不同的压力环境之中时，都会产生变化而形成新的岩石，这类岩石被称为变质岩。

（2）内力作用。内力作用的能量来自地球内部，是指促使地球内部和地壳的物质成分、构造、表面形态发生变化的各种作用。其能量主要包括来自地球自转产生的旋转能和放射性元素衰变产生的热能。内力作用的表现形式有地壳运动、岩浆活动、变质作用等。内力作用的结果，使地球表面变得高低不平，形成高山和盆地。

（3）外力作用。外力作用主要是指地球表面受重力和太阳能的影响所产生的作用，包括物理和化学风化作用、流水作用、冰川作用、风力作用、波浪及海流作用等。其表现形式有风化、侵蚀、搬运和堆积。

①风化：在温度、水以及生物等的影响下，地表或接近地表的岩石经常发生崩体和破碎，形成许多大小不等的岩石碎块或砂粒，它为其他外力作用创造了条件。

②侵蚀：常使被侵蚀掉的物质离开原地，并在原地形成侵蚀地貌；常见的侵蚀地貌有流水侵蚀地貌、风力侵蚀地貌、冰川侵蚀地貌。

③搬运：风化或侵蚀的产物在风、流水、冰川等的搬运作用下，可以从一个地方移动到另一个地方，为堆积地貌的发育输送了大量的物质。

## 2. 标准化石

因为地球上的生命在不断地进化与发展，所以在新的物种产生的同时，也伴随着其他物种的消失。因此，不同年代的岩层中存在着对应年代的典型生物化石。在生物地层学中，这种可以被用来推知所处地层的地质年代的化石被称为标准化石。

理想的标准化石是指存在时间很短或进化速度非常快的生物化石，它们还广泛地分布于地球上，这样才容易被发现。图 1-7 所示的三叶虫化石就是寒武纪的标准化石。

图 1-7　三叶虫化石

## 3. 地球五次生物大灭绝

生物大灭绝是指大规模的生物集群灭绝，生物灭绝又叫生物绝种。整科、整目甚至整纲的生物在很短的时间内彻底消失或仅有极少数存留下来。在生物集群灭绝过程中，往往是整个分类单元中的所有物种。生物大灭绝标志着生物无论在生态系统中的地位如何，都逃不过劫难，而且还经常是很多不同的生物类群一起灭绝，但却总有其他一些类群幸免于难，还有一些类群从此诞生或开始繁盛。大规模的生物集群灭绝有一定的周期性，大约每6 200万年就会发生一次，生物集群灭绝对动物的影响最大，陆生植物的集群灭绝不像动物那样显著。

（1）第一次物种大灭绝又称奥陶纪大灭绝。

时间：距今约4.4亿年前的奥陶纪末期。

事件：导致大约85%的物种灭绝。

奥陶纪（Ordovician Period），地质年代，是古生代的第二纪，开始于距今5亿年前，延续了约6 500万年。

奥陶纪分为早、中、晚三个世。奥陶纪是历史上海侵最广泛的时期之一。在板块内部的地台区，海水广布，表现为滨海浅海相碳酸盐岩的普遍发育，在板块边缘的活动地槽区，为较深水环境，形成厚度很大的浅海、深海碎屑沉积和火山喷发沉积。当时气候温和，浅海广布，世界许多地方（包括中国大部分地方）都被浅海海水掩盖。海生生物空前发展。

在奥陶纪广阔的海洋中，海生无脊椎动物空前繁盛，生活着大量的各门类无脊椎动物。除寒武纪开始繁盛的类群以外，其他一些类群还得到进一步的发展，其中包括笔石、珊瑚、腕足、海百合、苔藓虫和软体动物等。

古生物学家认为这次物种灭绝是由全球气候变冷造成的。在大约4.4亿年前，撒哈拉所在的陆地曾经位于南极，当陆地汇集在极点附近时，容易造成厚的积冰——奥陶纪正是如此。大片的冰川使洋流和大气环流变冷，整个地球的温度下降，冰川锁住水，海平面降低，原先丰富的沿海生态系统被破坏，导致85%的物种灭绝。

笔石是奥陶纪最奇特的海洋动物类群，自早奥陶世开始即已兴盛繁育，分布广泛。腕足动物演化迅速，大部分的类群均已出现，无铰类、几丁质（Chitin）壳的腕足类逐渐衰退，钙质壳的有铰类则盛极一时；鹦鹉螺进入繁盛时期，它们身体巨大，是当时海洋中凶猛的肉食性动物；由于大量食肉类鹦鹉螺的出现，三叶虫在胸、尾进化出许多防御性针刺，以避免食肉动物的袭击或吞食。珊瑚自中奥陶世开始大量出现，复体的珊瑚虽说还较原始，但已能够形成小型的礁体。

（2）第二次生物大灭绝又称泥盆纪大灭绝。

时间：距今约3.65亿年前的泥盆纪晚期。

事件：海洋生物遭受灭顶之灾。

泥盆纪（Devonian Period），地质年代，古生代第四纪，开始于距今约4.05亿年前，结束于距今约3.5亿年前，持续约5 500万年。

泥盆纪分为早、中、晚三个世，地层相应的分为下、中、上三个统。泥盆纪古地理面貌较早古生代有了巨大的改变。表现为陆地面积扩大，陆相地层的发育，生物界的面貌也发生了巨大的变革。陆生植物、鱼形动物空前发展，两栖动物开始出现，无脊椎动物的成分也显著改变。

泥盆纪是脊椎动物飞越发展的时期，鱼类相当繁盛，各种类别的鱼都有出现，故泥盆纪被称为"鱼类的时代"。最重要的是从总鳍类演化而来的原始爬行动物——四足类（四足脊椎动物）出现。

对古气候的研究显示泥盆纪时期是温暖的。化石记录说明当时远至北极地区都处于温带气候。第二次物种大灭绝发生在泥盆纪晚期，其原因也是地球气候变冷和海洋退却。

（3）第三次生物大灭绝又称二叠纪大灭绝。

时间：距今约2.5亿年前的二叠纪末期。

事件：导致超过96%的地球生物灭绝。

二叠纪（Permian Period）是古生代的最后一个纪，也是重要的成煤期。二叠纪分为早二叠世、中二叠世和晚二叠世。二叠纪开始于距今约2.95亿年前，延至距今约2.5亿年前，共经历了约4 500万年。二叠纪的地壳运动比较活跃，古板块间的相对运动加剧，世界范围内的许多地槽封闭并陆续形成褶皱山系，古板块间逐渐拼接形成联合古大陆（泛大陆）。陆地面积的进一步扩大，使海洋范围缩小，自然地理环境的变化，促进了生物界的重要演化，预示着生物发展史上一个新时期的到来。

距今约2.5亿年前的二叠纪末期，发生了有史以来最严重的大灭绝事件，估计地球上有96%的物种灭绝，其中90%的海洋生物和70%的陆地脊椎动物灭绝。三叶虫、海蝎以及重要珊瑚类群全部消失。陆栖的单弓类群动物和许多爬行类群也灭绝了。这次大灭绝使得占领海洋近3亿年的主要生物从此衰败并消失，让位于新生物种类，生态系统也获得了一次最彻底的更新，为恐龙类等爬行类动物的进化铺平了道路。科学界普遍认为，这一大灭绝是地球历史从古生代向中生代转折的里程碑。其他各次大灭绝所引起的海洋生物种类的下降幅度都不及其1/6，没有使生物演化进程产生如此重大的转折。

科学家认为，在二叠纪曾经发生海平面下降和大陆漂移，造成了最严重的物种大灭绝。所有的大陆聚集成了一个联合的古陆，富饶的海岸线急剧减少，大陆架也缩小了，生态系统受到了严重的破坏，很多物种的灭绝是因为失去了生存空间。更严重的是，当浅层的大陆架暴露出来后，原先埋藏在海底的有机质被氧化，这个过程消耗了氧气，释放出二氧化碳。大气中氧的含量减少，对生活在陆地上的动物非常不利。随着气温升高，海平面上升，又使许多陆地生物遭到灭顶之灾，海洋里也成了缺氧地带。地层中大量沉积的富含有机质的页岩是这场灾难的证明。

这次大灭绝是由气候突变、沙漠范围扩大、火山爆发等一系列原因造成的。

（4）第四次生物大灭绝又称三叠纪大灭绝。

时间：距今约2亿年前的三叠纪晚期。

事件：发生了第四次生物大灭绝，爬行类动物遭遇重创。

三叠纪（Triassic Period）是中生代的第一纪，爬行动物和裸子植物崛起，位于二叠纪（Permian Period）和侏罗纪（Jurassic Period）之间。

始于距今约2.5亿年前至距今约2.03亿年前，延续了约5 000万年。海西运动以后，许多地槽转化为山系，陆地面积扩大，地台区产生了一些内陆盆地。新的古地理条件导致沉积相及生物界的变化。从三叠纪起，陆相沉积在世界各地，尤其在中国及亚洲其他地区都有大量分布。古气候方面，三叠纪初期继承了二叠纪末期干旱的特点；到中、晚期之后，气候向湿热过渡，由此出现了红色岩层含煤沉积、旱生性植物向湿热性植物发展的现象。植物地理区也同时发生了分异。

距今约1.95亿年前的三叠纪末期，估计有76%的物种，其中主要是海洋生物灭绝，此次灾难并无特别明显的标志，只发现海平面下降之后又上升，出现大面积缺氧的海水。

（5）第五次生物大灭绝又称白垩纪大灭绝或恐龙大灭绝。

时间：距今约6 500万年前的白垩纪末期。

第一章　西南地区

事件：三叠纪晚期以来长期统治地球的恐龙整体灭绝。

白垩纪（Cretaceous Period）是中生代最后一纪，始于距今约 1.45 亿年前，结束于距今约 6 500 万年前，其间经历了约 7 000 万年。无论是无机界还是有机界在白垩纪都经历了重要变革。白垩纪是中生代地球表面受淹没程度最大的时期，在此期间北半球广泛沉积了白垩层，1822 年比利时学者 J. 奥马利达鲁瓦将其命名为白垩系。白垩层是一种极细而纯的粉状灰岩，是生物成因的海洋沉积，主要由一种叫作颗石藻的钙质超微化石和浮游有孔虫化石构成。

距今约 6 500 万年前的白垩纪末期，发生了地球史上第五次生物大灭绝事件，75%~80% 的物种灭绝。在五次大灭绝中，这次大灭绝事件最为著名，因长达 1.6 亿年之久的恐龙时代在此终结，海洋中的菊石类也一同消失。其最大贡献在于消灭了地球上处于霸主地位的恐龙及其同类，并为哺乳动物及人类的最后登场提供了契机。

 **技能要素**

（1）了解地球进化历史中五次生物大灭绝事件发生的时间、原因和意义。

（2）明确当代地球环境中各要素存在的进化过程。

 **课程笔记**

 **运用练习**

（1）鸟类起源于距今 1.65 亿~1.5 亿年前的侏罗纪时期，是兽脚类恐龙的后代，至今仍有超过 10 000 个现生种广布全球。人们也许会好奇，同样是经历了小行星撞击，凭什么恐龙灭绝消失，鸟类反而繁衍昌盛了呢？

（2）请阅读地球史上五次生物大灭绝事件资料，填写表1-11。

表1-11  地球史上五次生物大灭绝

| 事件 | 时间 | 原因 | 意义 |
|---|---|---|---|
| 第一次生物大灭绝 | | | |
| 第二次生物大灭绝 | | | |
| 第三次生物大灭绝 | | | |
| 第四次生物大灭绝 | | | |
| 第五次生物大灭绝 | | | |

## 课程 2  大贵州滩探秘

### 学习资料

**1. 大贵州滩**

大贵州滩位于贵州省黔南布依族苗族自治州罗甸、平塘、惠水三县的交界地区，东西长40~50千米，南北宽30~40千米，面积约1 500平方千米。大贵州滩是耸立在深海盆地中的孤立碳酸盐台地，同时也是世界上最大的三叠纪孤立碳酸盐台地。它从早三叠纪出现至中三叠纪末期结束，持续时间约2 200万年。在这个台地上保留了各种完好的地质遗迹，是全球三叠纪时期最大的、持续时间最长的、各类地质遗迹保留最全、最好的孤立碳酸盐台地，是研究二叠纪生物集群灭绝及三叠纪生物复苏的理想地区。

贵州西部是一个三叠纪的博物馆。贵州龙、海百合、鱼龙便是贵州三叠纪的三大特征。贵州龙动物群和关岭生物群是全国乃至全世界著名的三叠纪的古生物化石群。有人说："研究三叠纪，只有集中在贵州西部就可以完整地完成。"从这个意义上说，贵州是一个三叠纪的科普教科书，在这里可以"触摸"到三叠纪的各种生命信息，真实感受到2亿年前的地球环境。贵州地矿局总工程师王尚彦博士不止一次对新闻媒体说过这样的话：不仅是神秘的化石可以佐证三叠纪的魅力，马岭河峡谷、花江大峡谷、黄果树瀑布群、天星桥岩溶地貌、龙宫溶洞、织金溶洞等贵州省西部许多著名的旅游景点，也是由三叠纪地层在地质作用下形成的。甚至，贵州西部的许多石头寨，他们的房子从墙壁到顶盖都是由三叠纪地层中的岩石修建的。这些都可以成为建设三叠纪世界地质公园的重要部分。

大贵州滩是世界为数不多的"避风港"，埋藏的化石特别丰富。石炭系的腕足类化石、放射虫化石，二叠系蜓的化石、牙形石，三叠系的藻化石、海百合、水螅、苔藓虫化石都极为丰富，在全国地质界是非常有名的。从20世纪以来，中外学者蜂拥而至，期待在这里从二叠纪末期和三叠纪初期的化石中，找到破解二叠纪末期地球历史上最大一次生物灭绝事件这一谜团的密码。对科学界以至世人来讲，这是一件十分有意义的事。

何为大贵州滩？"滩"者，乃河海边淤积而成的平地或沙洲；"大"者，则非河流能形成，唯有浩瀚大海能为之。由贵州地质学家魏家庸倾注一生而命名的三叠系"大贵州滩"不是一般的形象上的比喻，更大的意义是以海相沉积为主的这块神秘土地被中外地质学界誉为"研究三叠纪的宝地"。在贵州以黔南罗甸县为核心的一大片三叠纪沉积地层区域，是距今约2.5亿年间发育在深海盆地中的一块孤立碳酸盐岩台地，深海、半深海、浅海、陆地等各种环境的沉积岩石都有，故名大贵州滩，这些环境是海陆生物生息繁衍的理想场所。换言之，这个时期地球环境发生了巨大的变化，但是位于大贵州滩周边数百平方千米的环境没有明显变化，它是一些生物免遭厄运的"避风港"，这些存活的生物为三叠纪生物在短期内的复苏和繁盛起到了推动作用。因而有专家说，水生爬行动物化石、海百合化石的宏大规模令世界震惊，在贵州西部创建三叠纪世界地质公园的条件是无与伦比的。

### 2. 罗甸县

罗甸县地处云贵高原南缘向桂西北山区与丘陵过渡的斜坡地带，地势北高南低呈阶梯式下降，县境内西北、北、东北和东南等地带为环行山地的基本轮廓，使其县境略呈"撮箕口"朝南地形。境内以山地为主，山地占总面积的85.8%，丘陵占9.7%，盆地占4.6%。河流在境内穿插、切割，使地形更加复杂、地貌多样。总的特点是：山峦起伏、沟谷纵横、地面破碎、山地特色明显。北部和东北部以岩溶、丘陵、盆地及石炭岩中低山地貌为主，海拔在600~1 000米之间，岩溶发育，多溶洞、溶丘、暗河。中部和南部以沙页岩低山、河谷、盆地为主，海拔多在300~800米之间。耕地面积占总面积的6.5%，草地山坡占28.2%，森林覆盖率为12.0%，宜林荒山占总面积的33.1%。

### 3. 关岭古生物化石群

贵州关岭古生物化石群国家地质公园埋藏的化石形成于距今2.2亿年前（晚三叠纪）的海湾环境，主要化石门类包括：海生爬行动物（鱼龙、海龙、楯齿龙、龟等）、海百合、菊石、双壳类、鹦鹉螺、腕足动物、鱼类软体动物等，以及来自附近陆地的古植物化石。为全球晚三叠纪独一无二的海生爬行动物和海百合化石宝库，具有极高的科学价值，震惊了世界各国的研究专家。

图1-8至图1-10，分别为海百合化石、鱼龙化石及鱼龙复原图。

图1-8 海百合化石

图1-9 鱼龙化石

图1-10 鱼龙复原图

## 技能要素

（1）记住大贵州滩非凡的地质意义。
（2）了解大贵州滩孤岛地层。

## 课程笔记

## 运用练习

（1）根据以上材料和教师的讲解，请你写出大贵州滩的地质意义。

地质意义：

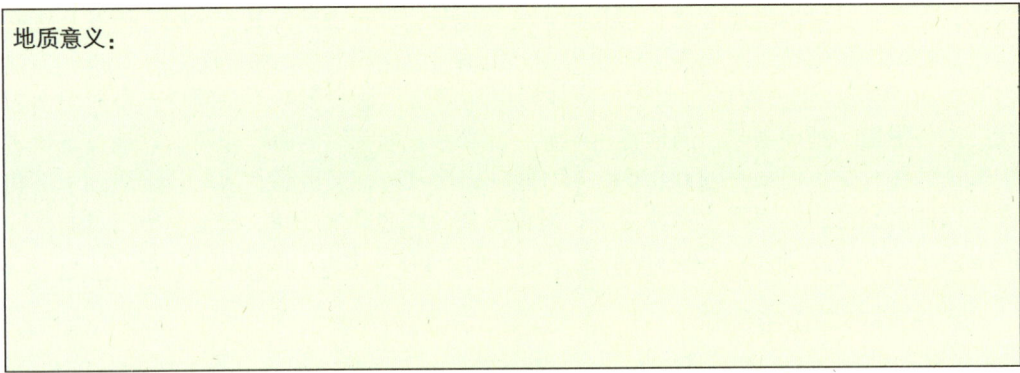

（2）图示大贵州滩孤岛地层的形成过程。

第一章　西南地区

## 课程 3　碳酸盐岩溶地貌

### 学习资料

**1. 中国南方喀斯特**

"中国南方喀斯特"是中国的世界自然遗产，2007年被收入联合国教科文组织的《世界遗产名录》，2014年得到了增补，现由云南石林、贵州荔波、重庆武隆、广西桂林、贵州施秉、重庆金佛山和广西环江七地的喀斯特地貌组成。其中云南石林、贵州荔波、重庆武隆组成"中国南方喀斯特一期"进行申报，于2007年6月27日在第31届世界遗产大会中全票入选世界自然遗产；广西桂林、贵州施秉、重庆金佛山和广西环江组成"中国南方喀斯特二期"项目，于2014年6月23日在第38届世界遗产大会中通过审议入选世界自然遗产，作为对"中国南方喀斯特"的拓展。"中国南方喀斯特"拥有最显著的喀斯特地貌类型（如尖塔状、锥状喀斯特）以及如天生桥、天坑之类的雄伟奇特的喀斯特景观，是世界上最壮观的热带至亚热带喀斯特地貌样本之一。

**2. 天坑**

天坑是指具有巨大的容积，陡峭而圈闭的岩壁，深陷的井状或者桶状轮廓等非凡的空间与形态特质，发育在厚度特别巨大、地下水位特别深的可溶性岩层中，从地下通往地面，平均宽度与深度均大于100米，底部与地下河相连接的一种特大型喀斯特负地形。

天坑的成因大多分两种，一种较普遍的是塌陷型（广西乐业天坑群等），另一种较罕见的是冲蚀型（重庆武隆后坪冲蚀天坑群等）。天坑的形成至少要同时具备以下六个条件。

（1）石灰岩层要厚。只有足够厚的岩层才能给天坑的形成提供足够的空间。

（2）地下河的水位要很深。

（3）包气带（含气体的岩层）的厚度要大。

（4）降雨量要大，这样地下河的流量和动力才足够大，足以将塌落下来的石头冲走。

（5）岩层要平。从天坑四周的绝壁看就会发现，岩层与地面是平行的，就像一层层的石板堆在四周一样，只有这样的岩层才能垮塌。

（6）地壳要突起。地壳的运动就会给岩层的垮塌提供动力。

**3. 大窝凼（音 dàng）漏斗群**

位于大贵州滩的核心区，处在亚洲最大的暗河之上，在100多平方千米范围内，平均每平方千米有3~4个漏斗。其中以平塘县克度镇大窝凼漏斗群最为典型，其周边分布着小窝凼、卡底凼、汪浪凼等数十个大小不一的锅状漏斗，这是目前发现的世界最大的漏斗群。

打岱河天坑群位于平塘县塘边镇打鸟村，距克度大窝凼仅8千米，由打岱河天坑、安家洞猫底陀天坑、倒陀天坑、瑶人湾天坑、音洞天坑、打赖河天坑六大天坑组成，地下河把六大天坑连接在一起。此外，还有多个介于天坑与漏斗之间的大坑，并与大窝凼漏斗群联系在一起，整个天坑群范围约20平方千米，其深度均超过300米以上。打岱河天坑群以其规模宏大，天坑地貌发育完整，凹陷深邃，被地质专家称为"自然天坑博物馆"和"世界岩溶圣地"。天坑群中以倒陀天坑最为险峻，以打岱河天坑最为深邃、壮美。其中倒陀天坑四周均为悬崖峭壁，地貌惊险壮观，是真正四面绝壁的天坑，是开展悬崖"速降"和"攀岩"等现代探险与极限运动的最佳场所。打岱河天坑深543.2米，南北走向直径约1 800米，东西走向长度约1 700米，底部面积约3平方千米，气势磅礴，属世界最大的天坑。天坑底部原始森林茂密，珍稀动植物种类繁多，极具科学考察和旅游价值。其底部有多条暗河涌出并在对面的山脚下潜伏20多千米后，在罗甸县董当乡的大小井喷涌而出。

 **技能要素**

（1）了解地貌类型的区分。
（2）了解天坑发育的原因及特点。

 **课程笔记**

**运用练习**

请根据教师介绍，用自己的话描述天坑地貌特点及成因。

| （1）地貌特点： | （2）成因： |
| --- | --- |
|  |  |

## 学科 2·水课程

### 课 程  喀斯特地区的河流

📚 **学习资料**

#### 1. 河流

陆地表面上经常（或间歇）有水流动的线型凹地。流动的水和水在其中流动的槽是构成河流的两个基本要素。此外还应有一定坡度，地表水在重力作用下才能流动。河流流动过程中不断地切割、冲刷，使狭长的凹地不断延长、加深、变宽，逐渐地由小溪成为小河，直至大河。

#### 2. 河流的水文要素

用来描述水流运动的计量手段，是反映河流水文情势变化的主要尺度，包括水位、流速、流量、含沙量、水温、冰情和水质等。

#### 3. 地上河

地上河是指河底高于两侧地面的河流。在流域来沙量很大的河流中，水流的挟沙能力小于来沙量，造成泥沙大量沉积，使河底逐渐淤高，为防止河水漫溢，不断加高堤防，当河底高程增加到一定程度后，河流在地面上流动。例如我国黄河下游河段。

#### 4. 地下河

地下河又称暗河。由于岩溶作用在大面积石灰岩地区形成溶洞和地下通道，地面河流往往经地下溶洞，潜入地下形成暗河，以我国西南岩溶地区分布最广。地下河也叫"伏流"，指地面以下的河流，是地下岩溶地貌的一种，是由地下水汇集，或地表水沿地下岩石裂隙渗入地下，经过岩石溶蚀、坍塌以及水的搬运而形成的地下河道。暗河主要是在喀斯特（岩溶）发育中期形成的。它往往有出口而无入口。高温多雨的热带及亚热带气候最有利于暗河的形成。暗河的空间分布受岩性、地质构造和排水基准面的控制。在地层褶皱的轴部、裂隙和断裂部位、可溶岩同非可溶岩的接触处和排水基准面附近常发育暗河。暗河有自己的补给、径流和排泄系统。大的暗河也形成地下河系，主要沿构造破裂面发育。地下河是岩溶地区重要的水源。

暗河的水位、流量不稳定，旱季与雨季流量差数可达 10 倍或 100 多倍。有些暗河水流湍急，有跌水，甚至有瀑布，有的可形成地下湖泊。有一部分暗河水流具承压性。暗河也可发生袭夺改道，使水流集中，河水比降减小。暗河水可用于供水，在一些落差大的地段，可建造地下水电站。

## 技能要素

（1）学会描述河流水文特征。

（2）了解水对喀斯特地区地表形态塑造的影响。

## 课程笔记

## 运用练习

采集不同季节的河流水文特征数据，请自行设计表格中需要测量的河流水文特征数据要素，并记录相关数据，完成表1–12。

表1–12 河流水文特征相关数据记录表

河流名称： 观察位置的经纬度： 记录员：

| 季节 | 数据要素 | | | | |
|---|---|---|---|---|---|
| | | | | | |
| 春季 | | | | | |
| 夏季 | | | | | |
| 秋季 | | | | | |
| 冬季 | | | | | |

## 学科3·天文课程

### 课 程 1　夏季星空

**学习资料**

#### 1. 恒星

恒星是由炽热气体组成的、自己能发光、发热的球状或类似球状的天体。恒星与地球的距离都很远，距地球最近的恒星是太阳，它的光到达地球需要8分多钟的时间。

#### 2. 光年

光年是指光在真空中走一年的距离。光年不是时间单位而是长度单位。

#### 3. 星等

星等是天文学用来表示天体亮度的一套特殊方法，星等越大，恒星亮度越暗。星等相差1等，恒星的亮度相差2.512倍。星等按等差级数增大，亮度便成等比级数递减。

#### 4. 北极星

北极星即小熊座的α星，中国古代星名"勾陈一"或"北辰"。北极星距地球430光年，它是距北天极最近的一颗亮星，距极点不足1°，因此，对于地球上的观测者来说，它总是位于北天极处，可以靠其指引方向。

#### 5. 夏季大三角

它是一个在现代才被命名的大而明显的恒星构形。这个三角形的3个顶点为织女星、天津四和牛郎星，它们分别是3个不同的星座中最亮的恒星。它们同时还比周围的恒星亮得多，主宰着夏季和初秋的夜空。织女星位于天琴座，是夏季大三角中最亮的一颗恒星，距离地球约25光年，天文学家估计织女星比太阳亮58倍。第二亮的是牛郎星，距离地球约17光年，它比太阳亮10倍，位于天鹰座。天津四距离太阳很远——约1 600光年，它位于天鹅座（俗称北十字）的顶端。

#### 6. 北半球夏季夜空户外使用星图的要点

（1）星图的边界代表地平线，中心即是观测者的头顶。

（2）每次使用1/4左右的星图是最实用的，这大致相当于面朝一个方向时可以轻松看见的视场大小。

（3）使用星图时，将其向前举起，转动星图使你面对的方向位于下方。不要混淆星图和地图上的东与西，两者是相反的。

（4）在乡村地区无月的夜晚，你看到的星体比星图中的多；在城市中或满月时，你看到的星体比星图中的少。

（5）黄道是太阳周年视运动在天球上的路径，跨越黄道的星座被称为黄道星座。

（6）为了获得最佳效果，在户外阅读星图时最好使用红色塑料纸蒙住的手电筒以大幅降低亮度。未经过过滤的光会大幅降低观测者夜间视觉的灵敏度。

图 1-11 为北半球夏季夜空星图。

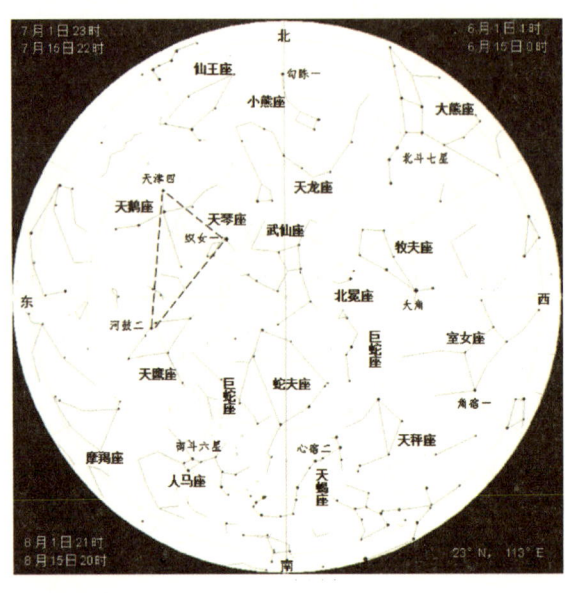

图 1-11　北半球夏季夜空星图

（1）学会使用星图。
（2）找到夜空中的亮星。

第一章 西南地区

**运用练习**

画出你看到的星座，标出星座中最亮的星，写出星座和亮星的名称。

## 课程 2 国之重器——FAST

**学习资料**

### 1. 射电望远镜

射电望远镜（Radio Telescope）是指观测和研究来自天体的射电波的基本设备，可以测量天体射电的强度、频谱及偏振等量。包括收集射电波的定向天线，放大射电信号的高灵敏度接收机，信息记录、处理和显示系统等。20世纪60年代天文学取得了四项非常重要的发现：脉冲星、类星体、宇宙微波背景辐射、星际有机分子，被称为"四大发现"。这四项发现都与射电望远镜有关。

经典射电望远镜的基本原理和光学反射望远镜相似，投射来的电磁波被一精确镜面反射后，同相到达公共焦点。用旋转抛物面作镜面易于实现同相聚焦，因此，射电望远镜天线大多是抛物面。射电望远镜表面和一理想抛物面的均方误差如不大于 $\lambda/16 \sim \lambda/10$，该望远镜一般就能在波长大于 $\lambda$ 的射电波段上有效地工作。对米波或长分米波观测，可以用金属网作镜面；而对厘米波和毫米波观测，则需用光滑精确的金属板（或镀膜）作镜面。从天体投射来并汇集到望远镜焦点的射电波，必须达到一定的功率电平，才能为接收机所检测。目前的检测技术水平要求最弱的电平一般应达 $10\sim20$ 瓦。射频信号功率首先在焦点处放大 $10\sim1\,000$ 倍，并变换成较低频率（中频），然后用电缆将其传送至控制室，在那里再进一步放大、检波，最后以适于特定研究的方式进行记录、处理和显示。

天线收集天体的射电辐射，接收机将这些信号加工、转化成可供记录、显示的形式，终端设备把信号记录下来，并按特定的要求进行某些处理然后显示出来。表征射电望远镜性能的基本指标是空间分辨率和灵敏度，前者反映区分两个天球上彼此靠近的射电点源的能力，后者反映探测微弱射电源的能力。射电望远镜通常要求具有高空间分辨率和高灵敏度。

射电望远镜是主要接收天体射电波段辐射的望远镜。射电望远镜的外形差别很大，有固定在地面的单一口径的球面射电望远镜，有能够全方位转动的类似卫星接收天线的射电望远镜，有射电望远镜阵列，还有金属杆制成的射电望远镜。

### 2. 中国的 FAST 射电望远镜

500 米口径球面射电望远镜（Five-hundred-meter Aperture Spherical radio Telescope，简称 FAST）被誉为"中国天眼"，由我国天文学家南仁东于 1994 年提出构想，历时 22 年建成，于 2016 年 9 月 25 日落成启用。是由中国科学院国家天文台主导建设，具有我国自主知识产权、世界最大单口径、最灵敏的射电望远镜。

（1）建设历程。1994 年 7 月，FAST 工程概念提出。在这一背景下，原北京天文台提出了利用中国西南部的喀斯特地貌建造阿雷西博型 LT（大射电望远镜）的中国方案，最初起名为 KARST。2016 年 9 月 25 日，FAST 在贵州省平塘县的喀斯特洼坑中落成启用，开始接收来自宇宙深处的电磁波，"天眼"方圆 5 千米将成为"静默区"。

（2）地位。FAST 建成后将成为世界上最大口径的射电望远镜，FAST 与号称"地面最大的机器"的德国波恩 100 米望远镜相比，灵敏度提高约 10 倍；与排在阿波罗登月之前、被评为人类 20 世纪十大工程之首的美国 Arecibo 300 米望远镜相比，其综合性能提高约 10 倍。作为世界最大的单口径望远镜，FAST 将在未来 20~30 年保持世界一流设备的地位。

### 3. 脉冲星

脉冲星（Pulsar），又称波霎，是中子星的一种，为会周期性发射脉冲信号的星体，直径大多为 10 千米左右，自转极快。中子星（Neutron Star）是恒星演化到末期，经由重力崩溃发生超新星爆炸之后，可能成为的少数终点之一，质量没有达到可以形成黑洞的恒星在寿命终结时塌缩形成的一种介于白矮星和黑洞之间的星体，其密度比地球上任何物质密度大很多倍。绝大多数的脉冲星都是中子星，但中子星不一定是脉冲星，有脉冲才算是脉冲星。

### 4. 南仁东

南仁东（1945—2017），中国天文学家、中国科学院国家天文台研究员，曾任 FAST 工程首席科学家兼总工程师，主要研究领域为射电天体物理和射电天文技术与方法，负责国家重大科技基础设施 FAST 的科学技术工作。2017 年 5 月，获得全国创新争先奖；2017 年 7 月，入选为 2017 年中国科学院院士增选初步候选人。

南仁东于 1945 年出生，1963 年就读于清华大学，于中国科学院研究生院获硕士、博士学位，后在日本国立天文台任客座教授。1982 年，他进入中国科学院北京天文台工作。1994 年起，一直负责 FAST 的选址、预研究、立项、可行性研究及初步设计。作为项目首席科学家、总工程师，负责编订 FAST 科学目标，全面指导 FAST 工程建设，并主持攻克了索疲劳、动光缆等一系列技术难题。2016 年 9 月 25 日，其主

持的 FAST 落成启用。

2017 年 9 月 15 日晚，南仁东因病逝世，享年 72 岁。

 技能要素

（1）了解射电望远镜的运作原理。
（2）了解射电望远镜的科学目标和观测价值。

 课程笔记

 运用练习

（1）参观 FAST 博物馆后，请记录下你以前不知道的天文小知识。

（2）经过了解 FAST 的运作后，请你写下我国自主研发的 FAST 的科学目标。

（3）经过了解 FAST 的运作后，请你写下我国自主研发的 FAST 的应用价值。

# 学科 4·文化课程

## 课 程 1　非物质文化遗产

📚 学习资料

### 1.非物质文化遗产

根据联合国教科文组织的《保护非物质文化遗产公约》定义，非物质文化遗产（Intangible Cultural Heritage）指被各群体、团体、有时为个人所视为其文化遗产的各种实践、表演、表现形式、知识体系和技能及其有关的工具、实物、工艺品和文化场所。根据《中华人民共和国非物质文化遗产法》规定：非物质文化遗产是指各族人民世代相传并视为其文化遗产组成部分的各种传统文化表现形式，以及与传统文化表现形式相关的实物和场所。包括：传统口头文学以及作为其载体的语言；传统美术、（梅花篆字）书法、音乐、舞蹈、戏剧、曲艺和杂技；传统技艺、医药和历法；传统礼仪、节庆等民俗；传统体育和游艺；其他非物质文化遗产。属于非物质文化遗产组成部分的实物和场所，凡属文物的，适用《中华人民共和国文物保护法》的有关规定。

### 2.牙舟陶

牙舟陶为贵州特产。其生产始于明代洪武年间，距今已有 600 多年历史。牙舟陶的产品多为生活用具及陈设品、动物玩具和祭祀器皿，其特点造型自然古朴，线条简洁明快，色调淡雅和谐，具有浓重的出土文物神韵。牙舟陶瓷色泽鲜艳、晶莹光润、神韵别

致，富有浓厚的民族特色，在中国陶瓷界独树一帜，极具艺术性、观赏性和收藏价值。

牙舟陶在设计上选择蜡染、刺绣、桃花图案，以浮雕的手法体现，富于装饰性，凡鱼、兽、虫、鸟等玩具均色彩自然，玲珑剔透。牙舟陶以生产烟斗、盐辣罐、酸菜坛、茶壶、土碗而著名，其生产的陶器有很高的使用价值，贮存食物不易腐败，伏天泡茶经久不馊。牙舟陶生产的烟斗，不仅美观好看，且抽烟还有股清爽感，因此很受人喜爱。"马嘘嘘"牙舟陶是小孩玩具的一种，是延传至今的手捏造型工艺品，外形类似小鸟或鱼或牛或马，形态多样化，内空两侧有变音孔，口吹时可以发出动听的声音。

牙舟陶的生产最初以原始爬坡窑烧柴为主，制作工艺从打土坯到制模上釉，全用手工操作，做工细腻，操作仔细，煅烧时间长，产品质量上乘。

新中国成立以后，在政府扶助下，通过技术改革，牙舟陶煅烧改原始的爬坡窑为烧煤的推板窑，功效显著提高，并在有关技术部门的协助下，牙舟陶不断更新品种，在原有日用陶的基础上，推出 100 多个新的美术陶品种，增加绿、黄、紫等多种釉色，采用玻璃釉为基础釉，在烧制过程中加温至 1 000 ℃以上，促使玻璃釉流淌效果更佳，加之在冷却过程中，产品表层自然裂变若干冰纹，使产品在保持原有古朴敦厚的造型基础上，形成更为深厚迷离、斑斓夺目的独特风格。

2008 年，"牙舟陶器烧制技艺"入选第二批国家级非物质文化遗产名录，与福建德化陶、陕西耀州陶、江苏宜兴紫砂陶、广东石湾陶、云南傣族慢轮陶、青海囊谦黑陶、广西钦州坭兴陶等入京参加"中国非物质文化遗产传统技艺大展"，并在 2010 年 9 月作为贵州此类项目的唯一代表亮相上海"世博会西郊国际贵州馆"，牙舟陶声名日渐远扬。如今，牙舟陶的文化价值和市场效应越来越受到商家关注。

## 技能要素

（1）理解保护非物质文化遗产的意义。
（2）了解贵州现有的非物质文化遗产项目。

## 课程笔记

## 运用练习

（1）保护非物质文化遗产有什么意义？

（2）参观非物质文化遗产实践室，记录下你看到的非物质文化遗产项目。

（3）贵州现有的非物质文化遗产项目有哪些？

（4）图示蓝染技术的一般流程。

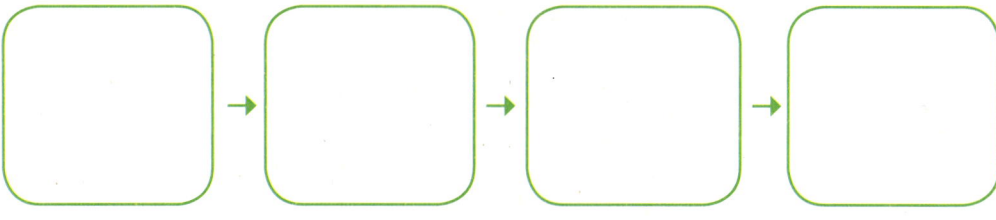

第一章 西南地区

## 课程 2 毛南族文化

### 学习资料

历史上称贵州毛南族（见图 1-12）为佯僙人，于 1990 年 7 月 27 日正式确定为毛南族。他们是贵州的世居民族，也是我国少数民族中人口总数较少的民族之一，主要生活在黔南的平塘、惠水、独山等县。

#### 1.建筑

毛南族民居是一种具有明显地域性特征的乡村景观，是毛南人适应地域气候、自然环境及人文过程的物质形态的

图 1-12　贵州毛南族

表露，多为就地取材，风格朴实，造型美观，功能完备，经济实用，具有简易性、经济性、实用性、淳朴性的特点。

他们一般在平坝水源较好或者依山傍水的坡地建房定居，村寨大小不一，房屋建筑也没有严格的规划，分布比较自由，整体布局顺应地势和自然环境而为，或在平地横向并联排开，或依斜坡纵向梯次修筑，或在凹地和山谷两侧相向呼应，讲究与自然相和谐，与环境相适应。

毛南族村寨建筑特别注意居住地的生态保护，凡毛南村寨一般都有护寨林、保寨树，家家户户房前屋后栽种果树，村口或者村中显要位置都供奉有土地菩萨，对土地和自然的敬畏使毛南人在民居建筑过程中非常注意顺应自然。

#### 2.宗教

毛南族信仰多神。明末之前，毛南族以信奉原始宗教为主。清初，正一派道教传入毛南族聚居区。后来道教在同毛南族文化的合流中，占据了主要地位，形成以敬神跳神（还愿）为主的所谓"武教"和以打斋送终为主的所谓"文教"，以及由两班人马合作的水陆道场。

在宗教祭祀活动中，毛南人借用道教的形式，头戴刻着他们笃信的三界公、圣母仙、社王、雷公、莫六官等善神的木雕面具，身穿绣花法衣，在器乐声中出场，踏歌起舞，边唱边演。

许愿和还愿是毛南人最主要、最普遍的集体宗教活动。毛南族遇事都要事先起愿，一般小愿自己在神明前声明就行了。如果能如愿以偿，就要按所许的愿来还愿。

人在长期的生存活动中形成的"万物有灵"的信仰，通过对神的顶礼膜拜和祈求神的保佑来表达对自然的崇敬与敬畏。

### 3. 饮食

毛南族的饮食习俗中一个最大特点就是"百味用酸"。喜爱腌制酸肉、酸螺蛳、酸菜，这些都是待客的传统佳肴。酸类食品很多，尤以"毛南三酸"最有名，亦即毛南人自称的"腩醒""索发""瓮煨"。"腩醒"就是把猪、牛肉切成薄片，拌用生盐腌透，放置两三天等水分干后，将适量的香糯米蒸熟成饭，尔后放在簸箕里凉冷，与切好的肉片揉搓均匀，放在坛里压紧密封。在坛里腌制时间越长味道越鲜美。用"腩醒"待客，是毛南人热情至深的标志。"索发"是一种酸味特异的螺蛳汤，其制作方法是把洗干净的钉螺用猪油干炒，待透熟发香后，趁热倒入坛里密封3个月后再揭盖吃用。"瓮煨"是一种盐水酸菜坛，用来腌制各种蔬菜，如萝卜、豆角、黄瓜、生姜、辣椒等，这种酸菜坛可以防止瓜果蔬菜放久变坏。

毛南族的食粮以大米、玉米为主，高粱、小米、红薯、南瓜为辅。除了以米煮成饭、粥外，毛南人日常还喜欢用主粮或杂粮制作成各种各样的食品，如"毛南饭""糯米糍粑""甜红薯"等。

饮酒是毛南人的一大嗜好，凡办喜事、丧事和客人到家，都要喝酒。几乎家家户户都自己用大米、玉米、红薯、南瓜等酿白酒。

### 4. 服饰

毛南族服饰虽因地域的不同而略有差异性，但服饰大体上都保留着古老的特点：一是服饰皆采用自织自染土布、花椒布为原材料，色调以"蓝、青"为主，男女服饰均呈现出素雅、美观、大方的特点；二是服饰简洁实用，装饰工艺不追求繁缛华美，图案一致，总体风格趋同；三是服饰集纺织、印染、挑花、刺绣等手工艺术于一体，制作技艺常作为衡量妇女聪慧能干的标志。

### 5. 工艺与传统文化

（1）花竹帽。花竹帽即"顶卡花"（见图1-13），意为底面编有图案的竹帽。该花竹帽是用当地盛产的金竹和墨竹篾子编织而成的。工艺精致，花纹美观，帽形大方，结实耐用。据说从前有一位勤劳的毛南族"后生哥"，经常戴着自己编织的花竹帽下地劳动。一天下起大雨，他将"顶卡花"送给一位美丽的姑娘用来避雨，后来两人结为夫妻。于是，小伙子送"顶卡花"给姑娘作信物逐步演变成为毛南族的传统习俗。"顶卡花"编织精致，花纹工整，图案美观，被视为毛南族人追求幸福生活的象征。由它衍生的花竹帽歌舞等花竹帽文化是毛南族文化的精髓。

图1-13　毛南族"顶卡花"

（2）木面舞。木面舞是毛南族特有舞种，属于傩舞的一种，是毛南族最隆重的仪式——还愿仪式里的著名活动，集歌、舞、戏于一体。使用毛南族特色的傩面具（见图1-14），傩面具全套共36个，按诸神性格雕刻出来，或金刚怒目，或温文尔雅，或慈眉善目，极其传神，显出精湛的傩面雕刻技艺。它是在民间祭祀乐舞的基础上发展起来的，以祭祀、娱神、娱人为目的，充分体现了傩舞的神韵。其内容有两大部分：一是向神祈求风调雨顺、粮食丰收和消灾除难，保佑人畜安康，如婆王、三界、三元、社王等神的程式性舞和穿针舞；二是表现渔猎生产、农耕生产和人们在生产劳动、男女相爱时的欢乐情绪，如瑶王系列舞和三娘与杜帝的自由舞，都是一种模拟性很强的形象舞和情绪舞。

a. 挑夫

b. 瑶婆

c. 万岁娘娘

d. 瑶王

图1-14 毛南族特色的傩面具

（3）打猴鼓舞。打猴鼓舞又叫猴鼓舞，是贵州省毛南族一种用于丧葬活动、由巫师表演的传统舞蹈，流传在平塘县部分乡村。猴鼓舞分为男子独舞和双人舞两种，内容分为"猴王出世""猴子敲椿""猴火引路"三段，表现了毛南族起源的苦难历程、团结勇敢，奋斗不息及不忘祖先遗愿奋勇前进的精神等。现在，猴鼓舞已成为人们最喜爱的自娱性舞蹈。2008年6月，贵州省平塘县申报的打猴鼓舞经国务院批准列入第二批国家级非物质文化遗产名录。

（4）毛南族的传统节日主要有火把节、迎春节、桥节、过小年（冬年）等。

### 6. 相关研究

（1）建筑。

①布局。典型的毛南族民居一般都是三间一套，一楼一底，但主要住底层，楼上储放粮食。房屋宽为12米左右，进深为8米左右，高6米余。人字屋顶。大门前留有1.5米左右宽的吞口，相当于都市楼房的门厅，平时可以在此休息，一般进屋必经吞口到火塘。火塘常年生火，上面架有铁质"三脚"，方便坐锅煮饭、烧茶，那是就餐和接待宾客的主要场所。睡房主要是家庭主人的卧室，外人不得入内，是住房中最隐秘的空间。堂屋空间很高，上面不覆楼板，这里主要供奉祖先，是神圣之地，是举行各种仪式的主要场所。毛南人把厨房叫灶房，很讲究灶门的方位，不准正对东方，说东方是日出的方向，火对火容易"被掳"（音lú），即容易引起火灾。厨房和神龛背后有门相通，神龛背后可作储藏室兼作卧室，让子女居住。如果子女多可以住楼上。毛南人非常重视牛，所以毛南人的牛圈设在正屋里，但一般要挖下去1~2米深，使牛圈和厨房形成一个落差。而且毛南族还在牛圈里养猪，猪和牛关在一起。牛圈、猪圈，根据各家房屋的朝向，可以在右边，也可以在左边。一般人家都把圈设在东南方，有"圈在东南方，喂猪不用糠"的说法。有的人家在圈上方铺设楼板，称作矮楼，设睡房，让长大了的孩子居住。有的人家在圈上方放置圆枕木，平时堆放农具或者柴草之类的杂物。如果另外修圈的人家，则把本应做圈的正屋改为客房。有的人家把神龛

背后的楼上一层作粮仓，并根据房屋地基的宽窄，在与楼上一层等高的侧面搭建"偏厦"或者修建晒台，方便晾晒谷物，而地面一层则可以建成猪圈、柴房、灶房等。经济条件好的家庭还要修建厢房，起门楼，围成院子，但所修房屋的高度都不能超过正房。毛南人的厕所与正房分开，在房前屋后适当的位置单独修建。毛南男子结婚后必须建房子自己居住（多数是父母修好后把孩子分出去另居），兄弟之间不可常居一室，这叫"树大分权，崽大分家"。

②装饰。有非常精巧的木雕和石刻艺术，多用在房屋建筑和家具的装饰上。一些比较富有的人为了装潢门面，显示其荣华富贵，屋基所用石料，都通过精细加工，石梯及两侧的栏杆石也全用精工刻成白果形、万字格、寿字形、一炷香等不同花纹。石梯两侧的栏杆石上，还刻着花草、龙凤、野鹿含花、孔雀、贵人等图案。在屋檐下每排柱头加上一个吊脚瓜，雕有美丽的图案；窗户的窗页也雕有美丽的花草、龙凤之类的图案。

③特色。最初，毛南族采用的是人工建造的住居方式——巢居和穴居。夏季，为防止潮湿，以及防御猛兽毒虫侵害和袭击，毛南族也学会像鸟一样筑巢于树上。他们在大树的树权上架以枝条，上铺树叶、茅草等物，营建成鸟巢状的休息之所。到了冬季，由于气候寒冷、风大，人们无法在巢里生活，为了抗御冬季的严寒，他们形成了"穴居""半穴居"或者"棚居"的居住习惯。

毛南族先民在认识自然和改造自然过程中，提高了自己的生存能力，如利用火塘长期生火取暖、除湿并形成一年四季吃火锅的习惯等，使毛南族先民的居住方式上了一个新的台阶。他们摆脱了过去的穴居式居住方式，开始在地上建造固定的居住场所，由"落地棚"逐渐形成以木架为主体结构的毛南族传统民居。定居于平塘、惠水、独山的毛南族，适应当地的地理特点、气候条件和农耕文化的需要，多选择背风、依山、临水、靠近耕地的地方建屋定居，于是固定的地面住居方式被传承了下来。现在毛南族地区留存的年代稍微久远一点的房屋都是地面居室，虽吸收了汉式住房的一些建筑形式和构造方法，但从结构上看，主要还是穴居屋和半穴居屋升迁到地面的表现形式，是他们改进和发展的结果。

（2）旅游（旅游背景下的乡村认同）。

①依托卡蒲毛南族风情园，扩容、包装、提升服务功能，建成中国第一个大型的毛南族风情文化村。卡蒲作为贵州省30个省级示范小城镇建设乡镇之一，扩容、增"量"已是必然，在建设过程中，将卡蒲建设成为具有浓郁民族风情和特色旅游乡镇，应是不变的宗旨。因此，在卡蒲建设中国第一个大型的毛南族风情文化村是不成问题的，就像昆明市建成推出的"民族村"一样。毛南族风情文化村既有一流的古朴的风格，又注入独特的毛南族文化元素，既有毛南族文化博物馆，又有毛南族风情一条街，既有看的、购的、娱的，又有吃的、玩的、睡的，将其开辟为贵州独一无二的旅游景点，打出"行走'玉水金盆'，看贵州毛南族"的口号，不断丰富"文化村"的内涵。

②精心打造、推出独特的毛南族"火"文化。毛南族和其他少数民族一样，与"火"结下了不解之缘。"火"不仅给毛南族带来了文明，也带来了毛南族独特的文化。如火把节、舞火龙、火把舞、放河灯、下火海等。如果我们尽力挖掘这些"火"文化资源，精心打造，在歌舞演出、建筑设计、广告宣传、食品包装等方面整体推出，毛南族"火"文化将会大放异彩，增加活力。

第一章　西南地区

③投入巨资，聘请国内著名专家，精心打造独特毛南族歌舞演出平台。毛南族历史源远流长，毛南族人自强不息，毛南族歌舞演出丰富多彩（如拦门歌、桥歌、猴鼓舞、火把舞等），定期在毛南族风情文化村演出，让游人感受毛南族奇风异俗的魅力，为游人奉上中国一流的视听盛宴。

④每年县、乡定期共同举办毛南族风情文化旅游节、民间体育运动会、滑翔和攀岩比赛。毛南族的节日有"火把节""母亲节""迎春节""桥节"等；毛南族民间体育运动项目有耍火龙、打棉球、斗地牯牛、斗捺弩、打飞鼠等；毛南族聚居区六硐有高山峡谷，是滑翔和攀岩的最佳场所。每年定期举办毛南族节会、体育竞技比赛，并让游客参与其中，感受毛南族独特的文化底蕴，并在欣赏美丽的风景的同时，体验独特的旅游项目，展示人生的精彩。

⑤出版"贵州毛南族文化系列丛书"，为毛南族文化旅游品牌增加内涵。利用国家大力扶持毛南族的契机，搜集、整理、编辑出版"贵州毛南族文化系列丛书"，以分门别类方式将毛南族歌谣、传说、服饰、雕刻、建筑、剪纸、风俗、文学、旅游资源等进行出版，进一步挖掘、保护和利用毛南族文化资源，使之更好地为旅游服务，使之成为毛南族民族民间文化永久的"资料档案"，为更多的人了解贵州毛南族，为学者研究贵州毛南族提供翔实的资料。如《民歌精选》，内容涉及古歌、情歌、礼俗歌、劳动歌、节庆歌、酒歌、时政歌、儿歌等；《传说故事》，内容包括神话传说、故事传说、地方风物传说、动植物传说等；《毛南歌诀》，内容包括丧葬、起房、祭祀中的歌诀、口诀，以及谚语、歇后语、打油诗等；《风俗风情》，内容包括丧葬、婚嫁、节日（如火把节、桥节、母亲节）等；《毛南艺术》，内容包括民间戏剧、曲艺、地戏、花灯、音乐、舞蹈、体育、游戏、绘画、雕刻、剪纸、泥塑、刺绣、挑花、蜡染等；《摄影家眼里的毛南族》，以图片形式展示贵州毛南族的发展变化及多彩的民族文化。

## 技能要素

（1）概括毛南族文化的特有性。
（2）了解毛南族生活环境整体性表征。

## 课程笔记

## 运用练习

（1）了解毛南族的文化内涵，哪些是你觉得最特别的？

（2）调研六硐村内老式民居，并绘制它们的结构分布图。

图例

（3）举例说明毛南族文化习俗与自然环境的关系。

| 文化习俗 | 对应的自然环境特点 |
| --- | --- |
| （　　　　　）——（　　　　　） | |
| （　　　　　）——（　　　　　） | |
| （　　　　　）——（　　　　　） | |

第一章　西南地区

## 学科5·综合考察课程

### 课程 1　人和坝子——六硐综合自然环境调研

📚 **学习资料**

#### 1. 坝子的概念

坝子是我国云贵高原上的局部平原的地方。主要分布于山间盆地、河谷沿岸和山麓地带。坝上地势平坦，气候温和，土壤肥沃，灌溉便利，是云贵高原上农业兴盛、人口稠密的经济中心。云南省有1 100多个坝子，坝子的耕地占全省耕地面积的1/3以上。贵州的坝子约占全省耕地的1/4。

#### 2. 坝子的分类

根据坝子的形态和成因，大致可将其分为以下三类。

（1）盆地坝。盆地坝是地壳断裂陷落而成的山间构造盆地，最初积水成湖，后淤积成平原，有的坝子里的低洼处还有湖泊存在。例如昆明坝子有滇池，通海坝子有杞麓湖等。有的盆地坝是石灰岩长期受流水溶解和冲蚀而成的溶蚀盆地，这种盆地面积很小，盆地内积有较厚的红色土。如贵州省境内的贵阳、遵义、安顺等坝子。

（2）河谷坝。河谷坝主要分布在河流沿岸，多呈狭长状，一般宽约几千米，长可达几十千米，为局部的河谷平原。如西双版纳地区的景洪坝、勐海坝等。

（3）山麓坝。山麓坝主要位于高山的山麓地带，是由山麓冲积扇连接而成的山麓平原。如大理坝子、下关坝子等。

#### 3. 平塘县珍贵植物及生境

（1）盐肤木。俗称五倍子树，县内山地多有生长。五倍子的主要成分倍酸，是重要的化工原料。五倍子可入中药。

（2）刺梨。刺梨属蔷薇科的一种落叶小灌木，高1米左右，花为粉红色，果皮生刺。县内各地均有分布。刺梨含有糖分、有机酸、维生素C、维生素D等多种成分。平均每百克果肉含还原型维生素C 2 087.77毫克，最高的达3 499.84毫克，含量比沙田柚约高18倍，比广柑约高50倍，比梨、苹果约高500倍。刺梨果除生食外，还可酿刺梨酒、制作刺梨糖浆、刺梨饮料、刺梨干、刺梨蜜饯、刺梨糖等，很有开发利用价值。

（3）平舟木。也叫掌叶木，无患子科，落叶乔木。掌状叶对生，小叶4~5张，卵形或倒卵形，先端尾状渐尖，长约47厘米，宽2.5~3.5厘米，圆锥花序顶生，白黄色，花瓣4~5枚。蒴果梨形，红色，具长柄，直径1~1.2厘米。种子卵形，黑色有光泽，榨油可食用，木可供建筑用。因模式标本源于平舟，故称平舟木。多生在县境东南部石灰岩山地。

其优点是对环境条件要求不高，根部发达，吸收力强，是石灰岩山地和四旁绿化的好树种，可作风景林，木材又可作建筑和农具用材。平舟木是我国特有的"单种属"植物，对研究无患子目七叶树科植物的系统发育关系有重要价值。属国家二级保护植物。

（4）福建柏。柏科，常绿乔木，生长在县境海拔1 000~1 200米地带的常绿阔叶林中。福建柏是我国特有的"单种属"植物，也是起源古老的孑遗植物。其木材优良，树干通直，为良好的用材树种；其树姿挺拔优美，树冠浓密，叶片亮绿，四季常青，是优美的庭园绿化树种。属国家二级保护植物。

（5）篦子三尖杉。三尖杉科，常绿灌木或小乔木，分布于县境海拔600米以上的山谷林中阴湿处，为古老孑遗植物。高约7米，树皮灰褐色。其枝、叶、根及种子可提取多种生物碱；木材坚实细密，不易开裂，适作雕刻棋子及工艺品用材。属国家二级保护植物。

（6）钟萼木。也叫伯乐树，壳斗科，落叶乔木。高20米左右，生于县境海拔700~1 400米山地常绿阔叶林中。钟萼木是我国特有植物，且为"单型科"植物，起源古老，在系统演化上地位孤立，具有较高的科学研究价值。属国家二级保护植物。

（7）杜仲。杜仲科，落叶乔木。其树皮灰色，折断时有银白色细丝。生于县境石灰岩山地中。树皮、叶和果实所含的杜仲胶，为重要的工业原料。树皮入药可治多种疾病。杜仲是我国特有的"单型科"植物，属国家二级保护植物。

（8）黄枝油杉。俗称岩杉，松科，常绿大乔木。皮灰褐色或黑褐色，纵裂。六桐乡、白龙乡、平里乡的屯上有成片分布。黄枝油杉是我国特有的孑遗植物，适应性广，天然更新力强，可作石灰岩山地造林树种。其木质坚硬耐蚀，木纹细腻优美，是建筑和家具制作的好材料。属国家三级保护植物。

（9）天麻。亦称"赤箭"，兰科，多年生腐生直立草本，生长在县境内阴湿林下和林缘草坡。中医上以块茎入药。属国家三级保护植物。

（10）凹叶厚朴。木兰科，落叶乔木。其高约15米，树皮淡褐色。喜温润的气候和排水良好的肥沃酸性土壤，分布在县内海拔900~1 300米的常绿阔叶林中。根皮药用，功能与厚朴相似，是我国特有的贵重药物。属国家三级保护植物。

### 技能要素

（1）掌握小区域开展自然人文调研的一般方法。
（2）掌握喀斯特坝子区域人类活动对环境的影响。

### 课程笔记

第一章　西南地区

### 运用练习

（1）在营地选择不同的两个地点，采集河边及山坡上不同地理环境的数据，根据要求设计表格中需要测量的数据要素，并记录相关数据，完成表1-13（提示：气温、湿度、植被、土壤、人类活动等）。

表1-13　需测量的地理环境要素情况表

| 地点 | 要素 | | | | |
|---|---|---|---|---|---|
| 地点1 | | | | | |
| 地点2 | | | | | |

说说两地差异。

地点1：

___

地点2：

___

（2）喀斯特山体风化洞穴调研。

①请绘制山体风化后崩塌的简笔画素描图。

②去往目的地的沿途，请寻找四种适合高山草甸及喀斯特地区生长的特有植物，拍照，传至微信群。

③采集哪些数据并进行记录可以更好地为以后的研究提供持续的帮助？填写表1-14。

表 1-14 调研测量情况

| 调研测量的类别 | 今日测量数据 | 对比意义 |
|---|---|---|
|  |  |  |
|  |  |  |
|  |  |  |
|  |  |  |
|  |  |  |
|  |  |  |
|  |  |  |

（3）河漫滩及滩涂植物调研。

①确定三个观测地点，并将其具体位置填画在下图中，以 A、B、C 标示。

②填写表 1-15。

表 1-15 三地自然景观情况表

| 地点 | 景观描述 | 植被种类及数量 | 植被特征 | 土壤颜色 | 土壤湿润度 | 土壤 pH 值 |
|---|---|---|---|---|---|---|
| A |  |  |  |  |  |  |
| B |  |  |  |  |  |  |
| C |  |  |  |  |  |  |

③采用什么方法才能更准确地进行样方数据采集?请自己观看相关小动漫后回答。

(4)六硐营地调研。

①在六硐营地毛南族聚集地区域,绘制区域内土地利用图,说说这里的第四纪沉积物在人类活动影响下,区域利用情况如何?

②观察六硐营地内的植被和土壤,确定三个地点,填写表1-16。

表1-16 六硐营地内三地植被及土壤情况

| 地点 | 植株高度/厘米 | 树干粗细/厘米 | 叶(阔叶;硬叶) | 土壤(沙质;泥质) | 土壤厚度/厘米 |
|---|---|---|---|---|---|
| 1 | | | | | |
| 2 | | | | | |
| 3 | | | | | |

## 课程 2　低纬度岩穴的成因分析

### 📚 学习资料

"冰臼""壶穴"属地貌中的一类穴状微地貌，都是外力作用在岩石上，年长日久使岩石中出现口小肚大的洞穴。壶穴集中分布在瀑布、跌水的陡崖下方及坡度较陡的急滩上。类似的地形也可出现在冰川底床上，由冰水冲蚀造成，特称之为冰川锅。

### 1. 冰臼

第四纪冰川后期，冰川融水携带冰碎屑、岩屑物质，沿冰川裂隙自上而下以滴水穿石的方式，对下覆基岩进行强烈冲击和研磨，形成看似我国古代用于舂米的石臼。它是古冰川遗迹之一。目前世界上最大的冰臼是 2010 年在北京发现的白龙潭冰臼。

冰臼是冰川的直接产物。两三百万年前在巨厚冰层覆盖处于"封闭"和"半封闭"状态下，冰川融水沿着冰川裂隙向下流动时，由于冰层内有巨大压力，呈"圆柱体水钻"方式向下覆基岩及冰川漂砾进行强烈冲击、游动和研磨，最终形成深坑，这些坑极像南方舂米的石臼，因此称为冰臼。

特征：口小、肚大、底平。

### 2. 壶穴

壶穴（Pothole）又称瓯穴（见图 1-15）。指基岩河床上形成的近似壶形的凹坑，是湍急河底漩涡携带着沙砾旋转磨蚀河床基岩，久之在河床基岩中形成的圆坑。流水侵蚀强调壶穴是高速旋转水流侵蚀的结果。

a. 壶穴 1

b. 壶穴 2

c. 壶穴 3

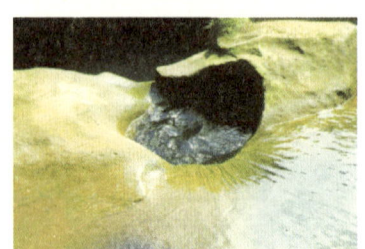

d. 壶穴 4

图 1-15　壶穴

主要成因：流水冲击打磨。发育条件：岩性（花岗岩、砂岩等）、降雨量、风化作用。例如，广东揭西发现世界罕见的臼状地形，是快速流水携带沙砾冲刷所成，为壶穴，非冰臼。

另外要指出的是，贵州省平塘县甲青的岩石凹坑，有学者认为是"冰臼"，学术界目前普遍认为该类"壶穴"为河流流水地貌，与冰川毫无关系（李孟华等，2007；童潜明等，2007；杨超群，2001；欧先交等，2015；郑本兴，2012；周尚哲，2006；热带地理编辑部，2002）。

### 3．贵州平塘县的基本情况

平塘县地处黔南山地南部，地理位置东经106°40′~107°26′，北纬25°30′~26°06′。为亚热带岩溶喀斯特地区、云贵高原东南坡向广西丘陵的过渡地带上；地势北高南低，西高东低。年均温16.7℃，年降水量1 217毫米。区内的河流属珠江水系，主要河流有平舟河、曹渡河。有平舟河谷风景区、甲茶风景区、龙塘风景区、克度溶洞群以及号称中国天眼的世界最大望远镜——500米口径球面射电望远镜等景点。

地质状况：地处扬子准地台黔南台陷之贵定南北向构造变形区，地质构造形迹主要表现为北东向短、长轴褶曲相间。以大面积抬升为主，并广泛伴随着差异运动及不均匀隆升，同时具有振荡性质，因受多次间歇性的构造抬升运动，其主要表现为地表、地下河袭夺改道，地下河系变迁，节理极为发育。

岩性：灰岩、白云岩，岩层产状倾向东南，倾角15°。

### 4．平塘县甲青"壶穴"群

（1）位置。平舟河穿过甲青天生桥，甲青大盲谷出露地表，河床基岩表面遍布着无数大小不等、形态各异、完整度不一的岩石凹坑——壶穴。是现代河流流水侵蚀和溶蚀作用的产物，与第四纪冰川无关①。该河段只有在洪水期才有急流在地表河床上流过，平时以地下暗河方式流过，地表河床处于干涸状态。

（2）形态。壶穴口在平面形态上呈圆形、椭圆形或不规则形，如图1-16所示。

a. 口小肚大的壶状

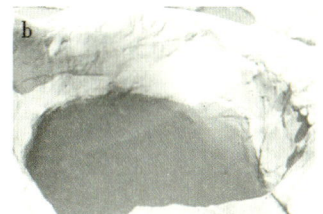
b. 口与肚子直径大致相当，呈柱状或筒状

c. 口大，向下逐渐变小的壶穴

图1-16　壶穴口形态

---

① 羊永夫在《浅议平塘县甲青"壶穴"群的特征及地貌演化过程》一文中的研究结论得出甲青壶穴的形成是现代河流流水侵蚀—溶蚀作用形成的，是河床下切的形式之一，而并非"冰臼"。

（3）平塘甲青壶穴发育条件。甲青壶穴群的形成受多种因素的控制，形成条件极为复杂，主要是岩性、地质构造、溶蚀及急速水流磨蚀等因素之间相互作用的结果。其中急速流动的水流是壶穴形成、发展和成熟的外来营力。

①水流磨蚀作用。甲青壶穴群分布的河段又俗称——干河，该河段只有在洪水期才有没过河床的急流流淌而过，平时为干涸的状态。河床较窄，河水涨幅变化较大，暴涨暴落的流水形成的急速水流携带大量砾石、石块对河床基岩进行研磨，经过长时间的磨蚀，形成了这些壶穴。在壶穴底部，依旧随处可见残留有大量的沙砾石，并且砾石的磨圆度、分选性都很好，从河流的水位动态及沙砾石的特征可以推断出水流携带大量砾石、石块对壶穴内壁研磨的过程。

②岩性条件。壶穴的发育、演化和消亡均与岩床基岩岩性有密切的关系。甲青壶穴群出露的地层岩性为石炭系中统黄龙组灰白色厚层灰岩、白云质灰岩及白云岩，岩层厚且致密，矿物成分和结构较为均匀，具有可溶性和崩解作用较强的特性。在常年的流水侵蚀—溶蚀作用下，基岩表面沿流水方向或节理裂隙在垂直方向发育长条形的凹槽，这是壶穴发育的雏形。在壶穴发育的初始阶段，壶穴通常起源于岩脉、节理裂隙等岩体内部薄弱部分。

③地质构造。主要受岩体内软弱带（节理裂隙、岩脉等）或与峡谷垂直相交的断裂构造控制。大多数的壶穴发育，其长轴方向与节理裂隙的走向基本一致，背上游面形成岩槛。

④溶蚀。水的溶解能力取决于水中 $CO_2$ 的含量，$CO_2$ 含量越高，其溶解性越高。洪水期溶蚀作用强，枯水期 $CaCO_3$ 饱和，溶蚀停止。

（4）形成模式。平塘甲青壶穴的形成模式可分为如下三种：瀑布模式、阶状跌水模式和急流漩涡模式，如图1-17所示。

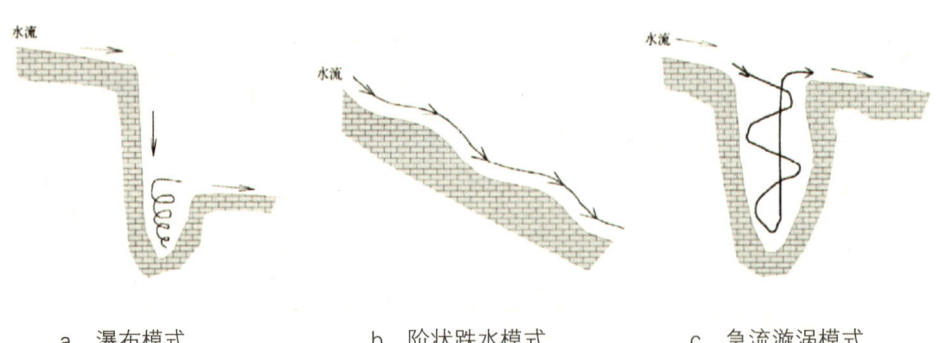

a. 瀑布模式　　　　b. 阶状跌水模式　　　　c. 急流漩涡模式

图1-17　壶穴的形成模式

（5）平塘甲青壶穴形成和演化过程。

①雏形壶穴阶段：主要发育在河床基岩软弱处（节理、裂隙、岩脉等）。

②壶穴发育阶段：在雏形壶穴的基础上，水流携带的沙砾石形成的涡流不断地研磨穴底和穴壁，壶穴口逐步形成圆形，壶穴深度也不断地加大，形成较为明显的筒壁。

③壶穴成熟阶段：随着水流携带的沙砾石在壶穴内部随涡流持续研磨，壶穴筒壁不断扩大，形成口小肚大底平的倒"Ω"形壶穴。

④壶穴衰亡阶段：随着侵蚀基准面的下降，离陡坎远处的水流作用相对近处的跌

水势能小，壶穴口变得脆弱，极易被侵蚀和溶蚀。

### 技能要素

（1）了解冰臼产生机理。
（2）了解外力作用下岩石风化过程。

### 课程笔记

### 运用练习

（1）观察岩臼，记录数据，完成表1-17。

表1-17 岩臼情况记录表

| 岩臼编号 | 发现地点 | 岩臼宽度/米 | 岩臼深度/米 | 岩臼形状 |
| --- | --- | --- | --- | --- |
| 岩臼1 | | | | |
| 岩臼2 | | | | |
| 岩臼3 | | | | |

（2）图 1-18 为某岩石的侧面图，在两组相互垂直的节理作用下，ABCDE 五个点最不易被侵蚀的是（　　）。

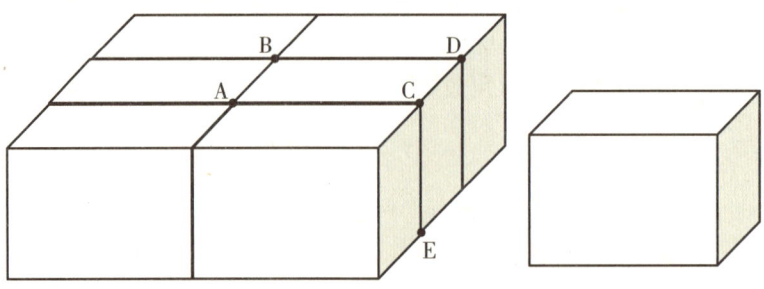

图 1-18　某岩石侧面图

（3）仔细观察该地堆积物风化地貌，拍下典型的照片上传到微信群。

（4）到岩臼所在地调研，并完成表 1-18。

表 1-18　岩臼所在地调研的基本情况

| 地理位置（经纬度） | 山体的海拔/米 | 山脉的走向 | 山顶的形态 | 植物覆盖率/% |
| --- | --- | --- | --- | --- |
|  |  |  |  |  |

（5）图 1-19 是黄河壶口瀑布河道上的河穴景观图，运用本节课我们学习到的知识，分析其成因。

a. 河穴景观图 1

b. 河穴景观图 2

图 1-19　黄河壶口瀑布河道上的河穴景观图

# 第二章

# 华北地区
## 黄河中下游地质地貌及中原文化科考

## 学科 1·水课程

### 课程 1　黄河悬河为哪般

📚 **学习资料**

#### 1. 河堤

河堤是指沿江河、渠道、湖、海岸边或分洪区、围垦区边缘修筑的挡水建筑物，图 2-1 为河堤示意图。筑堤可抵御洪水泛滥，挡潮防浪，保护堤内居民和工农业生产的安全，是世界上最早广为采用的防洪工程措施。按照堤的位置可分为河（江）堤、湖堤、海堤、渠堤和围堤。堤身一般由土料建造。在江河通过城镇地段，为少占土地或因潮汐、风浪太大，也可采用钢筋混凝土或浆砌块石堤，又称防洪墙。

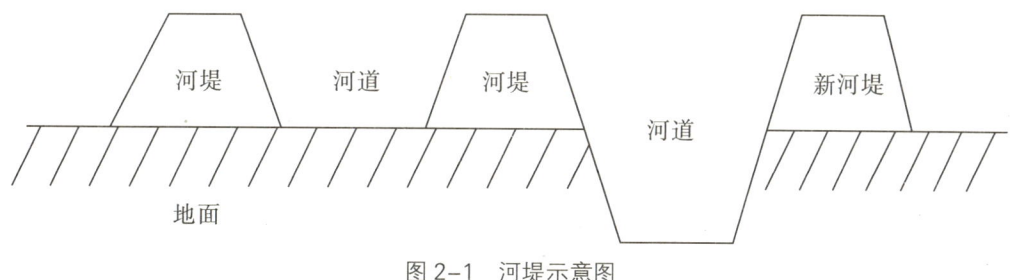

图 2-1　河堤示意图

#### 2. 悬河

悬河是指河床高出两岸地面的河，又称"地上河"。流域来沙量很大的河流，在河谷开阔、比降平缓的中下游，泥沙大量堆积，河床不断抬高，水位相应上升。为了防止水害，两岸大堤随之不断加高，年长日久，河床高出两岸地面，成为"悬河"。从桃花峪到入海口，流程 768 千米，每年大约有 4 亿吨泥沙淤积在黄河下游河道内，河床逐年升高。黄河下游是世界上著名的"悬河",河床滩面高出背河地面3~5米,在河南封丘县的曹岗,竟高出10米。

由于河道高出地面,一般来说郑州以下的黄河下游河道成了淮河、海河两大水系的分水岭,从严格意义上讲黄河下游两岸已不属于黄河流域了。图2-2为黄河悬河示意图。

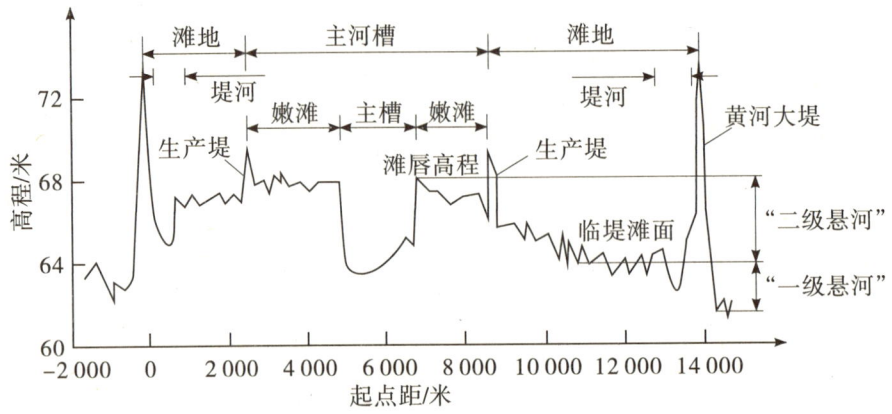

图2-2 黄河悬河示意图

（1）悬河的特点。
①位于河流的下游。
②悬河段无支流补给,流域面积小。
③易决堤、易断流。
④是自然营力与人为因素综合作用的产物。
（2）悬河形成的三要素。
①丰富的泥沙。上中游携带丰富的泥沙是悬河形成的物质基础。
②开阔的空间。下游开阔低平的地形为悬河的形成提供了必需的空间。
③人类活动。筑堤修坝,使悬河的形成成为可能。
（3）河流不同河段的划分。

河流河段可根据河流不同河段的水文信息进行划分,如流量、流速、比降、落差、泥沙含量、河流季节变化、水补给等因素。也可根据流域内不同河段的地形、地势等因素进行划分。

一般来说,将河流大致分成三等段,河流的入（海、湖）口至最后一个较大支流的入口之间称为下游地区,河流越往下游走支流越少、流速缓慢、河面展宽,泥沙淤积,河流落差小,周围地形以冲积平原为主,洪水期河水经常漫过堤岸;上中游划分,要看河流周围地形地势走向、水文信息的变化等因素,上游地区一般为高山地区,河流深切山地形成许多深谷,流速急、落差大,多急流瀑布;中游地区一般流经低山、丘陵地区,河流流速明显下降,平均比降下降,河流流经地区形成较为宽阔的谷地平原。图2-3为黄河的分段。

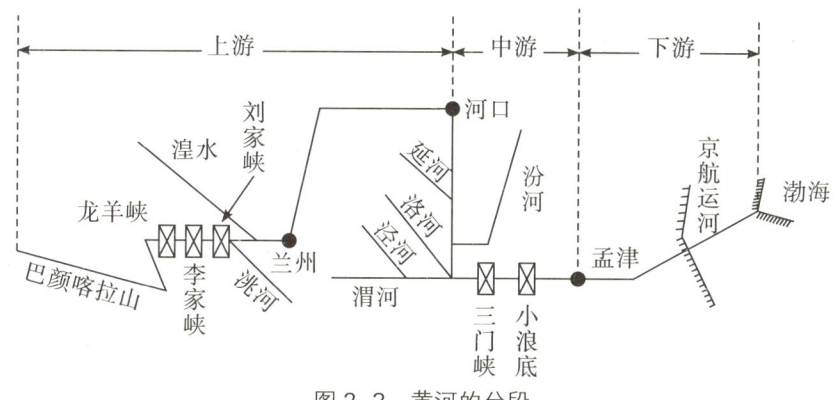

图 2-3 黄河的分段

从河流源头到内蒙古河口镇为黄河上游，从内蒙古河口镇到河南孟津为黄河中游，孟津以下河段为黄河下游。

##  技能要素

（1）掌握河流下游潜水分析。
（2）了解人类活动和河流下游地理环境的关系。

##  课程笔记

## 运用练习

（1）以河堤为测试的起点 A，沿河堤垂直方向做测量线路的选点，并采集以下数据，填写表 2-1。

表 2-1　测量线各选点的情况

| 测量选点 | 与河堤距离/米 | 海拔/米 | 土地利用方式 | 植被覆盖率/% |
|---|---|---|---|---|
| A 点 | | | | |
| B 点 | | | | |
| C 点 | | | | |
| D 点 | | | | |

（2）以河堤为起点，找到三个农业灌溉点，并做调研，采集以下数据填写表2-2。

表 2-2　农业灌溉点调研情况表

| 农业灌溉点 | 与河堤距离/米 | 海拔/米 | 灌溉方式 | 土温/℃ |
|---|---|---|---|---|
| A 点 | | | | |
| B 点 | | | | |
| C 点 | | | | |

（3）在河堤附近，采访老乡，采集以下数据填写表2-3。

表 2-3　老乡采访情况

| 人物 | 性别 | 年龄 | 年收入/元 | 作息起居时间 | 主要工作 |
|---|---|---|---|---|---|
| A | | | | | |
| B | | | | | |
| C | | | | | |

（4）写出珠江的河段划分，运用以上学习方法对珠江下游进行潜水分析，用表格列出人类活动和河流下游地理环境的关系。

第二章 华北地区

# 课程 2 黄河大调沙

🏛 学习资料

## 1. 水利枢纽

水利枢纽是为满足各项水利工程兴利除害的目标，在河流或渠道的适宜地段修建不同类型水工建筑物的综合体。水利枢纽常以其形成的水库或主体工程——坝、水电站来命名，如三峡大坝、密云水库、罗贡坝、新安江水电站等；也有直接称水利枢纽的，如小浪底水利枢纽（图2-4）。

图 2-4　小浪底水利枢纽

## 2. 关于三门峡水电站

1958年11月25日，三门峡工程开始黄河截流。1960年6月高坝筑至340米，开始拦洪。1960年9月，三门峡大坝建成，大坝下闸蓄水。工程总投资预算为13亿元，而工程总结算时实际耗资达40亿元。对当时的中国来说，这相当于40座武汉长江大桥的造价。是年，潼关以上渭河大淤，淹毁良田5.4万公顷，一个小城被迫撤离。因库内的水位上涨，库区的居民一批批被迫迁移。

## 3. 潼关高程与调水调沙

潼关高程是指黄河在陕西潼关水文站日均流量为每秒1 000立方米时，对应的水位高度。调水调沙，就是通过人工调节，在充分考虑黄河中下游河道输沙能力的前提下，利用水库调节库容。这样能对水沙进行有效地控制和调节，调整天然水沙过程，使之形成便于输沙入海的水沙比例，对现有河床造成的冲刷，至少保证不再形成新的淤积抬高，达到河床不抬高的目的。表2-4为三门峡建库后各年份对潼关高程的影响。

表 2-4　三门峡建库后各年份潼关每秒 1 000 立方米水位变化表

| 年份 | | 1960 | 1961 | 1968 | 1975 | 1983 | 1990 | 1997 | 1999 |
|---|---|---|---|---|---|---|---|---|---|
| 水位/米 | 汛前 | 323.80 | 326.50 | 328.65 | 327.23 | 327.39 | 327.76 | 328.42 | 328.46 |
| | 汛后 | 323.40 | 329.06 | 328.11 | 326.04 | 326.57 | 327.60 | 328.02 | 328.12 |

4. 小浪底水库与黄河三峡

小浪底水库位于穿越中条山、王屋山的晋豫黄河峡谷中，库区全长 130 千米，总面积 272 平方千米。

黄河三峡，融小浪底与王屋山和荆紫山的山水文化与历史文化于一体，是景区精华之一。位于小浪底水库大坝上游 20 千米处，总面积 40 平方千米。三条峡谷各具风采：八里峡位于黄河中下游最窄处，两岸断壁如削，中间河水奔涌；孤山峡鬼斧神工，千仞壁立；龙凤峡盘龙走蛇，曲折迂回。特别是九蹬莲花栈，九蹬九级，次第升高，望之若莲花盛开，似出水芙蓉，号称"鲧山禹斧"。峡谷景观独特，兼具我国山水风光中"南雄北秀"两大特色。

### 技能要素

（1）了解河流水系特征对人类经济发展的影响。
（2）了解河流水文特征对人类经济发展的影响。

### 课程笔记

## 📖 运用练习

（1）自拟定对比项目，对比小浪底水电站与三门峡水电站的异同，并完成表2-5。

表2-5 两大水电站异同点对比情况表

| 水电站 | 对比项目 | | | | |
|---|---|---|---|---|---|
|  |  |  |  |  |  |
| 小浪底水电站 |  |  |  |  |  |
| 三门峡水电站 |  |  |  |  |  |

（2）从人类经济发展状况的角度对比说明三门峡水电站对山西和河南两省的利弊影响，分点列在图2-5中空白处。

图2-5 三门峡水电站"一步跨两省"

（3）分析长江三峡的水文、水系特征对人类活动的影响。

# 学科 2 · 岩石课程

## 课程 1　地球演变及史前生物

### 学习资料

**1. 综合性博物馆、专业性博物馆、专题博物馆**

综合性博物馆是指在博物馆的陈列展示中，涉及有人文、历史、宗教、艺术等多学科内容为一体的，在其展示中，运用并融合了现代科技传播手段，向社会公众推出喜闻乐见的公共文化服务的一类博物馆。

专业性博物馆是指在博物馆的陈列展示中，有人文，或历史，或宗教，或艺术等某一学科，或以其学科中的某一类内容进行展示的，向社会公众提供文化产品服务的社会公益组织。

专题性博物馆是指针对某项内容进行集中、深入的收集、研究、展示，形成一个专题，这样的博物馆又称为专题博物馆。如中国邮票博物馆、汽车博物馆、泉州海外交通史博物馆等。国外的专题博物馆种类繁多，是了解当地民俗的重要方式，如韩国的刺绣博物馆、糕点博物馆、结艺博物馆、战争博物馆等。

**2. 河南地质博物馆的展厅**

河南地质博物馆共分为七个展厅，分别是地球厅、恐龙厅、生命演化厅、古象厅、矿产资源厅、矿物厅、地质环境厅。

**3. 长鼻目（大象）的进化**

通过化石，科学家们经常可以发现一个物种完整的进化轨迹。例如大象属于长鼻类动物，但现在已有150多种长鼻类动物灭绝。最初的长鼻类动物体型较小，牙齿不长，鼻子也不算长，但随着时间的推移，它们的牙齿、鼻子变长了，身体也变大了。图 2-6 为大象的进化历程。

图 2-6　大象的进化历程

#### 4. 矿物的概念

矿物是指在各种地质作用中产生和发展着的，在一定地质和物理化学条件处于相对稳定的自然元素的单质和它们的化合物。矿物具有相对固定的化学组成，呈固态者还具有确定的内部结构；它是组成岩石和矿石的基本单元。

#### 5. 中国地质博物馆

中国地质博物馆创建于 1916 年，是中国成立最早的国家级地质学博物馆，收藏地质标本 20 余万件，涵盖地学各个领域。其中有蜚声海内外的巨型山东龙、中华龙鸟等恐龙系列化石，北京人、元谋人、山顶洞人等著名古人类化石，以及大量集科学价值与观赏价值于一身的鱼类、鸟类、昆虫等珍贵史前生物化石；有世界最大的"水晶王"、巨型萤石方解石晶簇标本、精美的蓝铜矿、辰砂、雄黄、雌黄、白钨矿、辉锑矿等中国特色矿物标本，以及种类繁多的宝石、玉石等一批国宝级珍品。

中国地质博物馆分为地球厅、矿物岩石厅、宝石玉厅、史前生物厅等展厅。

 技能 要素

（1）学会规划路线图。
（2）寻找博物馆镇馆之宝。

 课程 笔记

## 运用练习

（1）请画出中国地质博物馆的展馆分布图，并规划出你的参观路线。

（2）找到五个博物馆的镇馆之宝，并拍照留念。

## 课程 2 探秘小科罗拉多大峡谷

### 学习资料

#### 1. 地质公园

地质公园（Geopark）是以具有特殊地质科学意义，具有稀有的自然属性、较高的美学观赏价值，及一定规模和分布范围的地质遗迹景观为主体，并融合其他自然景观与人文景观而构成的一种独特的自然区域。

#### 2. 红石峡的色

红石峡位于榆林市城北 3 千米处。红石峡谷长约 350 米，峡谷东崖高约 11.5 米，西崖高 13 米，东西对峙，峭拔雄伟。红石峡的石头颜色类似于 $Fe_2O_3$ 所呈现的红色。

### 3. 云台山的地质地貌

云台山在远古时代乃是一片汪洋，随着时间的流逝，地壳的变动，逐渐升起、抬高形成平原。在十几亿年前造山运动时期（奥陶纪和震旦纪），地貌景观发生了很大的变化。在燕山期，北部上升，形成高山，南部下降，形成平原。在喜马拉雅造山运动影响下，又使山区激剧上升，河流迅速下切，形成又深又陡的峡谷。其后，地表、地下水沿裂隙对岩石进行溶蚀，再加上其他风化营力的影响，就造成如今的山、石形态。

图2-7　云台山地质公园波痕石

云台山公园内群峡间列、峰谷交错、悬崖长墙、崖台梯叠的"嶂石岩地貌"景观，是以构造作用为主，与自然侵蚀作用共同形成的特殊景观，是地貌类型中的新类型，既具有美学观赏价值，又具有典型性。图2-7为云台山地质公园波痕石。

距今14亿年前至3亿年前的中元古界蓟县系—早石炭统地层，出露系统而完整（岩层接触关系）；有太古界—早元古界基底，还有典型的构造遗迹。

### 4. 三叶虫

三叶虫是一种已灭绝的节肢动物，因背甲两条纵沟将其分为3叶，所以名为三叶虫。三叶虫存在长达3.2亿多年，从寒武纪生命大爆发到恐龙出现前的二叠纪，其存在的年代我们叫作古生代。三叶虫的年龄我们可根据肋节数量判断。

早期的三叶虫因未得到快速繁殖，所以在早寒武纪我们可以将三叶虫用来做古地理分区。

早寒武纪分为以始莱德利基虫为主的亚澳太平生物大区——东方动物群和以古油栉虫为主的欧美大西洋区——西方动物群。在中间过渡带为以球接子为主的漂浮型三叶虫，说明在早寒武纪亚澳和欧美隔着一个巨大的洋盆——泛大洋（见图2-8）。后经构造地质学论证也证实了该洋盆的存在。

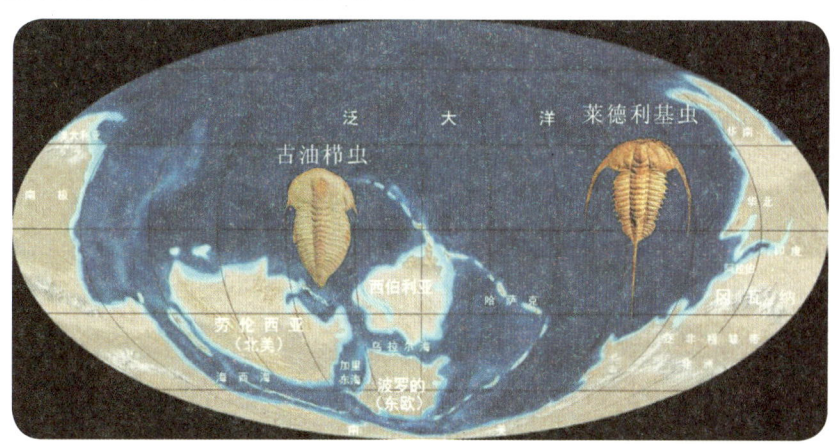

图2-8　泛大洋地理位置示意图

### 5. 头足类

头足类起源于晚寒武纪，这类生物软体部分头与足相连，故而称为头足类。早期的头足类都有壳和口盖，如角石、菊石、箭石等。白垩纪大灭绝后，笨重的头足类因迁徙能力差，基本灭绝。导致现今头足类都变成了无壳的生物，如乌贼、墨鱼、章鱼等。

奥陶纪因头足类刚出现，可用角石做古地理分区。因海沟和赤道相隔，角石分为以直角石为主的南方型和以珠角石为主的北方型，如图2-9所示。

a. 南方型　　　　　　　　b. 北方型

图2-9 奥陶纪直角石

## 技能要素

（1）明确课程授课点的空间位置。
（2）了解当地地貌成因及概念。
（3）用其他形式演绎地貌特征。

## 课程笔记

## 运用练习

（1）按照本团队学习计划要求，用简图绘制考察线路并标明时间地点。

图例

（2）描述云台山红石峡的地貌。

（3）用简图来绘制云台山红石峡地貌形成过程。

## 课程 3　岩石上的力量平衡

### 📚 学习资料

#### 1. 岩石崩塌

崩塌是指陡峻山坡上岩块、土体在重力作用下，发生突然地急剧倾落运动。多发生在大于 60°~70° 的斜坡上。崩塌的物质，称为崩塌体。崩塌体为土质者，称为土崩；崩塌体为岩质者，称为岩崩；大规模的岩崩，称为山崩。

崩塌可以发生在任何地带，山崩限于高山峡谷区内。崩塌体与坡体的分离界面称为崩塌面，崩塌面往往就是倾角很大的界面，如节理、片理、劈理、层面、破碎带等。崩塌体的运动方式为倾倒、崩落。崩塌体碎块在运动过程中滚动或跳跃，最后在坡脚处形成堆积地貌——崩塌倒石锥。崩塌倒石锥结构松散、杂乱、无层理、多孔隙。

#### 2. 水平抬升和内力作用

地壳运动是由于地球内部原因引起的组成地球物质的机械运动。地壳运动是由内营力引起地壳结构改变、地壳内部物质变位的构造运动，它可以引起岩石圈的演变，促使大陆、洋底的增生或消亡，并形成海沟或山脉；同时还导致地震、火山等。

按运动方向可将地壳运动分为水平运动和垂直运动。水平运动指组成地壳的岩层沿平行于地球表面方向的运动，也称造山运动或褶皱运动。该种运动常常可以形成巨大的褶皱山系，以及巨形凹陷、岛弧、海沟等。垂直运动，又称升降运动、造陆运动，它使岩层表现为隆起和相邻区的下降，可形成高原、断块山及凹陷、盆地和平原，还可引起海侵和海退，使海陆变迁。地壳运动控制着地球表面的海陆分布，影响各种地质作用的发生和发展，形成各种构造形态，改变岩层的原始状态，所以有人也把地壳运动称为构造运动。按运动规律来讲，地壳运动以水平运动为主，有些升降运动是水平运动派生出来的一种现象。水平运动和垂直运动的差异详见表 2-6。

表 2-6　水平运动和垂直运动比较

| 地壳运动 | 运动方向 | 岩层表现 | 运动结果 |
| --- | --- | --- | --- |
| 水平运动 | 地壳物质水平位移 | 岩层弯曲隆起或断裂张开 | 巨大的皱褶山脉、裂谷、海洋 |
| 垂直运动 | 垂直于地球表面 | 地壳抬升或下降 | 高低起伏，海陆变迁 |

### 🏆 技能要素

（1）学会分析岩石的受力情况。

（2）学会分析天生桥地貌景观的成因。

（3）学会分析岩石隐形受力情况。

（1）在考察沿线找到证据说明太行山地层是沉积岩的事实，并简单绘制出来。

（2）选取沿途所见的一个岩石断裂的微地貌景观，将其画下来，并绘制其受力状况。

（3）请分析图2-10中两个天生桥景观的成因。

图2-10 云台山的天生桥

成因分析：

## 课程 4 为什么佛像总是被偷走

### 1. 石窟

石窟原是印度的一种佛教建筑形式。佛教提倡遁世隐修，因此僧侣们选择崇山峻岭的幽僻之地开凿石窟，以便修行之用。印度石窟的格局大抵是以一间方厅为核心，周围是一圈柱子，三面凿几间方方的"修行"用的小禅室，窟外为柱廊。中国的石窟起初是仿印度石窟的制度开凿的，多建在中国北方的黄河流域。如我国著名的四大石窟之一的龙门石窟即位于河南省。图2-11、图2-12，分别为龙门石窟景观图及龙门石窟柱状剖面示意图。

第二章 华北地区

a. 局部图

b. 全景图

图 2-11 龙门石窟

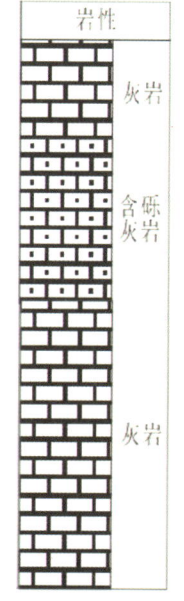

图 2-12 龙门石窟柱状剖面示意图

## 2. 石灰岩

石灰岩简称灰岩，是以方解石为主要成分的碳酸盐岩。有时含有白云石、黏土矿物和碎屑矿物，有灰、灰白、灰黑、黄、浅红、褐红等色，硬度一般不大，与稀盐酸反应剧烈。

## 3. 差异风化

由于组成岩石的矿物成分、结构构造的差异，不同岩石的风化速度和风化程度不同。在相同的风化条件下，常常在地表形成凹凸不平的地貌现象，称为差异风化。

如果抗风化能力不一的岩石共生在一起，则抗风化能力强的岩石突出，抗风化能力弱的凹入。

## 技能要素

（1）了解石灰岩球形风化及沉积环境判断。
（2）学会用盐酸来验证石灰岩岩性。

课程笔记

运用练习

（1）为什么石窟的佛像都没有头？

（2）运用所拿到的石灰岩实验用品，设计一个验证石灰岩岩性的实验方案。

（3）记录实验的相关数据。

（4）对比云冈石窟与我们所学习的龙门石窟有什么差异。注意明确对比项目，完成表2-7。

表2-7 云冈石窟与龙门石窟对比表

| 名称 | 对比项目 | | | | |
|---|---|---|---|---|---|
| | | | | | |
| 云冈石窟 | | | | | |
| 龙门石窟 | | | | | |

## 学科3·文化课程

### 课程 1 学会参观博物馆

**学习资料**

　　河南博物院的基本陈列为《河南古代文化之光》，展览分布在主展馆一、二层八个展室内。展示上至史前时代，下至明清的河南历史文物。展览由序厅、"文明曙光"（原始社会时期）、"三代辉煌"（夏商周时期）、"兼容并蓄"（两汉魏晋南北朝时期）、"盛世荣华"（隋唐时期）、"余光明媚"（宋金元时期）及观众参与部分组成，汇集河南出土的精美文物约2 000件，按照历史发展的脉络，展示发生在河南的最突出的古代文化科技成就。

河南博物院还有四个主题馆，分别为《中原楚系青铜艺术馆》《河南古代玉器馆》《明清珍宝馆》《古代石刻艺术馆》。

## 技能要素

（1）会看博物馆展馆分布图。
（2）能正确选择参观路径。
（3）能正确选择参观学习工具（人工讲解和设备辅助听讲）。
（4）使用适当的笔记本并记录。

## 课程笔记

## 运用练习

（1）请画出河南博物院的展馆分布图，并规划出你的参观路线。

图例

（2）你选择哪一种参观工具？为什么？

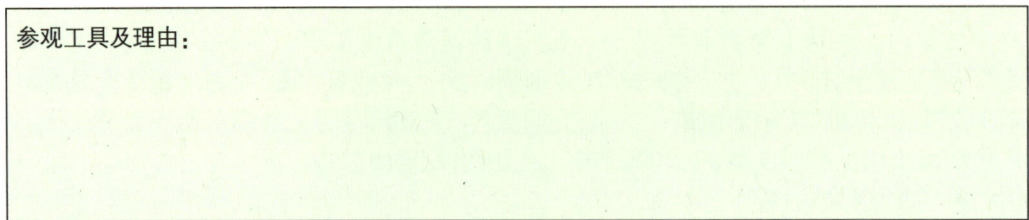

参观工具及理由：

（3）在你最喜欢的三个参观点拍照留念，并用简单的文字介绍它，说说你喜欢它的理由。

参观点一：_____

参观点二：_____

参观点三：_____

（4）上网找广东博物馆的相关资料，尝试设计暑假参观该博物馆的活动计划，并说明具体参观路线及理由。

## 课程 2　残垣秘密

### 学习资料

#### 1. 二里岗遗址

1950年秋，郑州市南学街小学教师韩维周先生在郑州市二里岗和南关外一带进行业余调查时，发现并采集到了一些绳纹陶片和磨光石器等遗物，被确认为商代遗物。1952年秋，考古工作人员在郑州二里岗进行了一个多月的田野考古发掘，发现了丰富的商代遗址和遗物，这里也就是享誉海内外的二里岗遗址。二里岗遗址文化遗存的面貌特征与安阳殷墟文化有相似之处但也有明显早于安阳殷墟文化的特征，按照考古学惯例把这里和其后各地类似的考古发现命名为商代二里岗文化。

#### 2. 郑州商城遗址

1955年秋，河南省文物工作队安金槐先生等在白家庄西北部配合顺河路城建的考古发掘中，钻探出一处商代夯土①墙残存部分，并在郑州旧城的东城墙、西城墙和南城墙下面，都钻探出类似商代夯土墙残存，从而证明这里应是商代二里岗期的一座夯土城垣。经勘探发现这座商代城垣略呈纵长方形，其东墙、南墙各长约1 700米，西墙长

---

① 中国古代建筑的一种材料，从新石器时代到20世纪五六十年代一直在大规模使用，现在看到的万里长城、故宫、马王堆汉墓、秦始皇陵这些古建筑，它们的地基都是夯土。夯土需要用干打垒分层夯实土层方法打造，是需要众多劳动力的高强度体力劳动，在我国古代，只有政府和王公贵族能够聚集如此众多的劳动力。

约1870米，北墙长约1690米。内城墙现存最高者约9米，最低者约1米，有的地方埋入地下1~2米。城墙底宽一般为20~25米，顶宽至少5米。经发掘证实，郑州商城是一座拥有宫城、内城、外郭城墙、护城河组成的规模约13平方千米的商代城址。

在郑州商城内东北部发现了东西长约750米，南北宽约500米，面积37万多平方米的宫殿区遗址。在此范围内发掘出大小夯土台基50余处，在这些高台宫殿建筑基础上还保留着整齐有序的石柱础和柱础槽。此外，在宫殿区的东部还发掘出多处大型石板铺就的蓄水池，水池之间又有用石板砌成的输水管道，同时还发现多座水井，构成了一套科学的供水系统。这样气派的宫殿区，只有最高统治者才能享有。这个城址的手工业门类齐全，在城址周围发现了四处手工业作坊遗址，其中有制造铜器、陶器、骨器的作坊等遗址，还有居民区、墓地等。小型墓的随葬品以陶器为主；中型墓多随葬青铜礼器、玉石器及象牙器，其中一座墓中有殉人。图2-13为出土于郑州商城外侧的铜鼎，图2-14为郑州商城出土的陶器，陶器在遗址中约占全部出土器物的90%以上。

图2-13 "杜岭一号铜鼎"

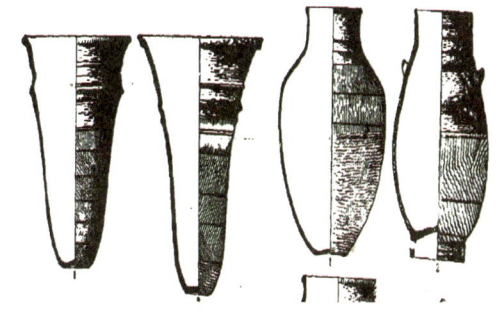
图2-14 郑州商城出土陶器

历史上商朝人曾多次迁都，留下过多个都城遗址。郑州商城遗址是商朝人在何时修建的，具体是哪一个都城，学术界历来说法不一，有商王仲丁建立的隞（áo）都说；有商王汤建国时所修筑的亳（bó）都说。

### 3. 史料类型

按照史料产生时期、出处把其分为第一手史料（原始史料）、第二手史料（间接史料）。第一手史料是指历史人物、事件、现象发生的那个时代留下来的材料，特别是当事人和目击者提供的史料，直接反映了所研究对象的情况。如历史遗址、考古发掘文物等。第二手史料是距离那个时代较远的记录和转述，指经过后人运用一手史料所作的研究与诠释，是后人的研究成果，或在此基础上所进行的再创造，如小说、戏曲等，间接反应研究对象的情况。

史学研究是依据史料进行的，因而史料的真实性和可信度是至关重要的，所以，史学研究首选的是直接史料，间接史料运用则要多方印证。

按照史料的载体划分：可以分为文字史料、非文字史料或文献史料、实物史料、口碑史料。文献史料、口碑史料往往带有主观性，实物史料不能反映历史的全貌。

文字史料包括史书、档案文书、思想或学术著作、文学作品、日常生活中的文字遗留（包括碑刻、墓志、家谱、商店的账簿、土地契约书，以及私人来往的书信等)、报纸杂志等。非文字史料包括音像类、图像类、实物类、风俗类、数据类、各种技艺、舞蹈等。

## 技能要素

（1）知道并说出所参观历史遗址所处的特定时间和空间。

（2）观察并按比例画出所参观历史遗址的主要构成部分，了解每部分的功能。

（3）知道史料是通向历史认识的桥梁，了解史料的多种类型，掌握1~2个收集史料的方法。

（4）区分一手史料与二手史料，能够从史料中提取有效信息，作为历史叙述的可靠证据，并据此提出自己的历史认识。

（5）尝试收集多条史料证据论证一个历史认识。

## 课程笔记

## 运用练习

（1）参观并按比例绘制郑州商城遗址结构图，标注每部分区域功能，分析其布局的特点。

图例

（2）参观遗址，寻找三个不同的一手史料或者二手史料作证据，证明同一个结论，完成表2-8。

表2-8　不同史料证明相同结论情况表

| 史料（一手/二手） | 结论 |
|---|---|
|  |  |
|  |  |
|  |  |

（3）判断下面材料中所涉及的史料属于一手史料还是二手史料，根据这些史料能推导出什么结论，可信度有多高？完成表2-9。

材料1：用殷墟出土的甲骨文（图2-15）研究商朝历史。

材料2：用河南安阳出土的司母戊大方鼎（图2-16）研究商朝历史。

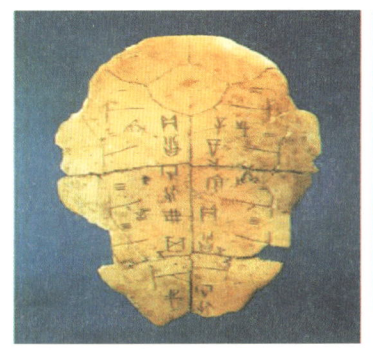
图2-15　殷墟出土甲骨文

图2-16　司母戊大方鼎

材料3："至秦则不然，用商鞅之法，改帝王之制，除井田，民得买卖。富者连阡陌，贫者无立锥之地。……故贫民常衣牛马之衣，而食犬彘之食。"用汉朝《汉书·食货志》中对秦朝的记载研究秦朝的历史。

表2-9　以史料推导历史认识

| 材料 | 史料类型 | 历史认识 |
|---|---|---|
| 材料1 |  |  |
| 材料2 |  |  |
| 材料3 |  |  |

## 课程 3　石刻生死

📚 **学习资料**

### 1. 汉代石刻

汉代在思想上推崇"罢黜百家，独尊儒术"，在忠义、孝悌观念影响下，厚葬之风盛行。画像石、画像砖等石刻艺术大量产生于汉代"谓死如生"的人生观和"厚葬"的风气中。画像石、画像砖作为一种"画"，在刻绘内容上却不着重渲染"来世"而着重描绘"现世"，大量描绘墓主的生活场面和历史故事，既表现了墓主的祈求和向往，又体现了墓主对死后失去现实的恐惧。它的欣赏主体是死人的灵魂而非生人，但画像石刻艺术所体现出来的思想内容却符合生者的意识和愿望，以艺术的手法表现了两汉特定的政治、经济、文化、思想，是我们认识汉代整个社会基本状况的直观画面。汉画像石刻艺术作为一种审美意识形态的出现，它具有认识、教育、审美三方面的社会功能。

石刻能为封建制度发展中的上层人物所接受并广泛运用，那么汉画像石刻就必然能适合当时统治者的政治思想意识，也必然符合上层人物的审美情趣和对社会现实的认识。至今为止，尚没有足够的资料表明汉画像石刻的设计者是谁，但在汉画像石刻拓片中大多数反映的是饮宴迎送、车骑出行、操琴对弈、舞乐百戏等豪华场面，可以肯定，至少上层贵族阶层是设计者的一部分，而且制作者则是下层平民阶级。

在汉代墓葬中的画像石会有大量石辟邪存在（图2-17）。辟邪是古代传说中的一种神兽，似狮带翼，传说能辨善恶，辟邪秽。墓主人希望死后的世界和生活仍然能够保持秩序，而且通过这些石辟邪来保持另外世界的安静和祥和，所以，汉代墓葬中的辟邪兽的作用就是保护墓室的安全。安全是墓室画像的主题，也是墓主安息地下的第一需求。画像石可以清楚地看到这样一个共同的现象，那就是千方百计地为死去的墓主营造一个安全舒适的安息环境。为了安全而安排的内容是辟邪，这是墓室画像的头等大事。还因古人受到当时佛教生死轮回的影响，认为石兽可作为转世升仙之坐骑。

图2-17　汉代石辟邪

### 2. 墓志

墓志指墓里刻有死者生平事迹的石刻，亦指墓志上的文字，一般由志和铭两部分组成。志多用散文撰写，叙述死者的姓名、籍贯、生平事略；铭则用韵文概括全篇，赞扬死者的功业成就，表示悼念和安慰。墓志可以是自己生前写的（偶尔），也可以

是别人写的（大多），主要是对死者一生的评价。墓志始于秦汉，但当时墓志少见亦全无系统。东汉末年和西晋墓中或有与墓志相近的方版和小型墓碑，但皆不自名墓志。北魏以后，方形墓志始成定制，下底上盖，底刻志铭、盖刻标题。墓志所记内容真实，可作历史资料，也是确定墓葬年代的依据。有的文辞用韵语结尾的称"铭"，也称"墓志铭"。墓志的书法往往能体现当时的书法水平，具有很高的艺术价值。

撰写墓志铭，有两大特点不可忽视，一是概括性，二是独创性。如汉朝大将韩信的墓联为："生死一知己；存亡两妇人。"寥寥十个字，高度概括出韩信一生的重大经历。

### 技能要素

（1）结合时代背景解读并理解史料的含义，如石刻。
（2）认识历史遗存对于过去时代与当今的价值和意义。
（3）结合史料尽可能实事求是客观地论述历史事件、历史人物和历史现象，有理有据地表达自己的看法。
（4）尊重死亡，珍爱生命。

### 课程笔记

### 运用练习

（1）选择你最感兴趣的一件石刻，勾勒其形象并配以文字描绘，解释石刻形象的含义，尝试查询其出土朝代及墓主人。

（2）解读一位历史人物墓志铭，通过其墓志铭尝试向组员讲述关于此历史人物平生的1~2件事，并对其进行评价。

（3）死亡和生命一样是一个自然的过程，值得我们尊重。终有一天我们都会死去，当我们理解了死亡的含义将会更珍惜当下的生活。想象当有一天你离开这个世界的时候，请你给自己写一段墓志铭。

## 课程 4 穆斯林的故事

### 学习资料

#### 1. 河南回族

河南省回族之众在全国仅次于宁夏、甘肃，位居第三，回族分布河南全省各地，尤以开封、沁阳最为集中。就总的分布形势来看，仍和丝绸之路、京杭大运河有关。具体则是由于元末明初战乱时大量回族兵卒将士流落乡间，散居各地；现在的回族均传为他们的后裔。

早在伊斯兰教黎明时期，先知穆罕默德就发出"学问，虽远在中国，亦当往求之"的训示。先知的第三位继承者欧斯曼本此遗训于公元651年8月遣使来华，在长安会见了中国皇帝唐高宗。这标志着中阿两大民族文明对话的开始，也标志着伊斯兰教传入中国。从此，中国与大食帝国的交往日趋频繁。由唐及宋，通过"陆上丝绸之路"和"海上丝绸之路"，前来中国经商的阿拉伯、波斯穆斯林络绎不绝。他们中有不少人留居中国各地，被称之为"蕃客"，其后裔被称为"土生蕃客"。他们是中国穆斯林的源流之一。而中国穆斯林的另一个源流则是宋元之交随蒙古军政力量所及移居中国的"西域回回"。无论是唐宋时期侨居中国的"蕃客"，还是宋元之交移居中国各地的"西域回回"（回回即回族），他们都是中国穆斯林的先民。经过1 300多年的繁衍、生息，中国穆斯林已经有2 100万之众的事实，印证了中国与当年的大食帝国，以及后来的伊斯兰世界友好关系的源远流长。但由于见诸记载的有关史料甚少，各地清真寺碑刻及穆斯林墓碑便成了研究中国回族—伊斯兰教历史的重要源泉。

### 2. 水南关清真寺与沁碑

沁阳之有清真寺的历史，据"重修清真寺碑记"有两种说法，其一是始于元至正年间（1341—1370）；其二是明朝初年（1368—1424），实际上两种说法一个意思——元末明初，都是在元明交际之时。元朝有许多回族人，明朝也有许多回民，随着他们的征战迁徙兴建一些清真寺（图2-18）是完全必然的。

图2-18　沁阳市文物保护单位——清真寺

我国历史上流传下来的伊斯兰碑刻，主要有汉文的和阿拉伯文的两种。河南省沁阳市阿拉伯文古碑（以下简称"沁碑"）的出土（图2-19），填补了近半个世纪回回无碑可考的历史空白，是研究宋元之交"西域回回"的历史遗迹。

当年的中华帝国和大食帝国曾有长达数百年的睦邻友好关系。但这两个当年的超级大国在蒙古人崛起后却每况愈下，以至于1258年、1279年先后蒙受江山易主的屈辱。由于这方古碑正是当时两大帝国处于生死存亡转折关头的产物，应该说，它既是当时两大帝国共存共荣的标志，也是当时其国家江山易主的历史见证。这方古碑还标志着以侨民身份定居中国的"蕃客"时代的结束，也标志着由"蕃客""西域回回"以及其他民族成分融为一体的多民族穆斯林群体，向新的民族共同体（回族）过渡的开始。

图2-19　沁碑

### 技能要素

（1）按照时间顺序和空间要素解读历史遗址，勾勒历史遗址的布局与功能。
（2）按照时序了解历史遗址在不同历史时期的表现。
（3）能够从史料中提取有效信息，作为历史叙述的可靠证据。
（4）依据可靠史料设身处地认识具体的史事，对历史境况形成合理的想象。
（5）尊重和理解不同宗教与民俗习惯。

### 课程笔记

### 运用练习

（1）参观并按比例绘制清真寺结构图，标注每部分区域功能，分析其布局特点。

（2）记录清真寺中所出现的所有朝代、时间及其对应的人和事，并以时间轴的形式按先后顺序罗列。

（3）采访一位当地回族人，了解他们于何时何地因何来到此地、职业、饮食、衣着、居住、教育、语言、宗教习惯等。根据这些内容描绘沁阳回族人民的一天。

（4）说说你熟悉的一个宗教，向同学们讲述这个宗教的宗教习惯以及与这个宗教相关的历史遗址。

## 课程 5　生活与自然的缘分

### 学习资料

**1. 谁创造了窑洞这种神奇的建筑**

窑洞起源于人类最早期的"穴居"。人们为了躲避风雨的侵袭和动物猛兽的袭击，在自然形成的山洞中居住，成为人类早期的居住方式。后人受到祖先的这一启示,就在一些山体与丘陵中开挖洞穴,装上门窗,成为如今的"窑洞"。我国窑洞主要分布在黄土高原地区。

## 2. 窑洞的设计

窑壁一般用石灰涂抹,显得明亮。窑洞内一侧有锅和灶台,炕的一头都连着灶台,由于灶火的烟道通过炕底,冬天炕上很暖和。炕周围的三面墙上一般贴着一些绘有图案的纸或拼贴的画,将其称为炕围子,它们可以避免炕上的被褥与粗糙的墙壁直接接触摩擦,还可以保持清洁。窑洞的窗户比较讲究,窗户分天窗、斜窗、炕窗、门窗四大部分,都有剪纸装饰。窑洞建筑最大的特点就是冬暖夏凉,住着舒适,节能,同时传统的空间又渗透着与自然的和谐。

## 3. 窑洞的种类

河南的的窑洞大致可分为靠崖式、独立式及下沉式三种。在这三种形式里,下沉式窑洞最为原始,靠崖式次之,独立式成型最晚,也更为普通。

(1)下沉式窑洞。下沉式窑洞是在地面上挖一个大坑,形成天井,然后再在坑中的土壁上挖洞开窑,形成独特的民居,当地人叫"地窨(yin 去声)院"(图 2-20)。"地窨院"4 000 多年前就存在,以其独特的传统技艺,入选国家非物质文化遗产名录,现在主要分布在河南三门峡、甘肃庆阳以及陕西的部分地区。地窨院一般长宽各三四十米,深十多米,地下窑洞的组合,仍然保持北方传统四合院的格局,有厨房和贮存粮食的仓库、饮水井和渗水井,以及饲养

图 2-20 下沉式窑洞

牲畜的棚栏,形成一个舒适的地下庭院。由"地窨院"组成的村落,百米之外不易被发现。当你临近院子边缘时,才能看清其真面貌,有首民谣称其为:"上山不见山,入村不见村,平地起炊烟,忽闻鸡犬声。"是一种十分适合当地自然环境的居住形式。

(2)靠崖式窑洞。"靠崖窑"就是依自然形成的土崖挖掘的窑洞(图 2-21),是山区和丘陵地带常见的一种窑洞。靠崖式窑洞有靠山式和沿沟式,窑洞常呈曲线型或折线型排列。在山坡高度允许的情况下,有时布置几层台梯式窑洞,类似楼房。这种窑洞是依托黄土高原厚厚的黄土层,从横断面挖进去,挖成洞状,在洞壁里面抹层黄泥,安上门窗,即可住人。条件好些的,用一层砖砌在洞外面,称为"夹壳"。

(3)独立式窑洞。独立式窑洞是一种掩土的拱形房屋(图 2-22)。这种窑洞无需靠山崖,能自身独立,又不失窑洞的优点,冬暖夏凉。可为单层,也可建成为楼,既节省土地,又经济省工。

图 2-21　靠崖式窑洞

图 2-22　独立式窑洞

　　天井窑院内设置有出水通井，种有树木，沿窑院顶部四周建筑有带水檐道的砖墙。宅院内有作粮仓用的窑洞，顶部开有小孔，直通地面打谷场，收获之时可以直接将谷场的粮食灌入窑内粮仓，平时孔口置避雨棚席。这种住宅冬暖夏凉，适合当地干旱少雨的气候和土质，具有地方特色。进出口从窑院一角的窑洞内凿出斜坡通向地面，作为住户进出之阶梯式通道。

## 技能要素

　　（1）了解所参观传统建筑所处的地理位置（经纬度、省份）与气候特征。

　　（2）观察并写出三种当地常见食物（包括主食、蔬菜、肉类或饮用类等）及其烹饪方式与工具、至少两种当地交通方式类型（如摩托车、小轿车、单车、步行、公交）、当地人在该时主要衣着现象（长衣或短衣、是否有外套、长裤或短裤、是否戴口罩、早晚是否有变化）、客观描述或画出当地人住房样式（包括基本结构、屋顶、大门、材质、颜色、坐向等），并写下你所观察的具体地点。

　　（3）尝试根据你所观察到的当地的衣食住行等客观现象从经济、气候、宗教、文化等角度进行解释。

　　（4）理解并尊重当地人的生活方式。

## 课程笔记

## 运用练习

（1）观察窑洞生活，记录下列内容，完成表2-10。

表2-10 窑洞生活观察记录表

| 观察角度 | 特　点 |
| --- | --- |
| 食物及器皿 | |
| 交通方式（两种或以上） | |
| 衣着 | |
| 建筑 | |

（2）请用图表形式表示你所看到的窑洞的基本结构、样式及其功能。

（3）说出你的故事：以小组为单位访谈窑洞居民，听听他们的故事（可从家庭人口、居住环境变化、生活条件变化等角度切入）。

我的采访：

第二章 华北地区

（4）根据下面两图中的建筑，判断其可能出现在我国什么地方，并说明判断依据。

图 2-23　杆栏式建筑

图 2-24　半穴居建筑

## 学科 4·经济课程

## 课程 1　现代农业模式

### 学习资料

河南省农业科学院现代农业科技实验示范基地（图 2-25）主要分为三大园区。

一是农业科学试验区，该区位于基地的西侧，占地 156.68 公顷。主要功能包括农作物育种、作物栽培、植物保护、土壤肥料等学科的试验研究，相关农业科研辅助设施有晒场、挂藏室、样品库和农机库等。农业科学试验区采用规整式的传统农业布局形式，划分为 3~12 公顷大小不等的试验用地，试验区内作为主要的育种作物有小麦、玉米、棉花、芝麻、油菜、大豆、花生等。

图 2-25 河南省农业科学院现代农业科技实验示范基地

二是农业科技中间试验项目区，该区位于基地的东北角，占地 91.77 公顷，分为研发、加工、生产三个区域。主要功能包括种子加工包装、农副产品加工及保鲜、工厂化育苗、新型农药、化肥、饲料、植物生长调节剂及生物制剂、良种牛羊胚胎生物技术等中试与示范。

三是现代农业展示区，该区位于基地的中心区，占地 135.87 公顷。分为交通集散区、门景区、设施农业展示区、农业观光区和综合办公区五大功能板块。展示区以中心龙湖为核心，湖与周边环渠相连，形成流动循环水系，结合栽植水生植物，达到人与自然和谐共存。该区主要功能包括节水农业、生态农业、旱地农业示范等。

### 技能要素

（1）明白现代农业发展的制约因素是技术的创新和资源的综合利用。
（2）明白农业产业化的根本条件是提高技术水平。

### 课程笔记

## 运用练习

（1）请简要画出河南省农业科学院现代农业科技实验示范基地的土地利用方式，并尝试说说其区位因素。

（2）通过学习，说说你心目中的生态农业。

（3）哪些农作物是你从未见过的？把它记下来并拍下照片做成海报分享。

（4）比较南方和北方传统耕作的不同，写出你比较的要素，完成表2-11。

表2-11 南、北方传统耕作比较

| 地区 | 比较要素 | | |
|---|---|---|---|
| | | | |
| 南方地区 | | | |
| 北方地区 | | | |

# 课程 2 空心村现象

## 📚 学习资料

经济上，空心村是指随着我国城市化和工业化进程，大量的农村青壮年都涌入城市打工，除过年的十几天，其他的时间均工作在城市、生活在城市。因此，使得留在农村的人口都是老弱病残幼的现象。因其农村常住人口犹如大树之空心，故名之空心村。

## 🏆 技能要素

（1）基于布局了解聚落居住的基本情况。
（2）基于访谈了解空心村现象背后的原因。
（3）思考经济发展给农村生活带来的改变。

## 📖 课程笔记

## 运用练习

（1）请绘制你到达的村落的房屋分布图，在图上标明还有人居住的房屋，以及屋主的经济来源。

图例

（2）在村子里找一位老人家，了解他（她）的生活情况（包括日常的活动、生活起居、经济来源、孩子的去处）。别忘了和老人家谈谈心，并帮他们干点力所能及的事情。

（3）你觉得"空心村"未来的情况会如何？是找到更好的发展方式？还是彻底"空心"？原因是什么？

## 课程 3 景区商业网点调研

### 学习资料

旅游业，国际上称为旅游产业，是凭借旅游资源和设施，专门或者主要从事招徕、接待游客，为其提供交通、游览、住宿、餐饮、购物、文娱六个环节的综合性行业。旅游业务主要由三部分构成：旅游业、交通客运业和以饭店为代表的住宿业，它们是旅游业的三大支柱。

### 技能要素

（1）了解景区商业网点的分布。
（2）分析景区商业网点的区位条件。
（3）理解旅游经济，做到理性消费。

### 课程笔记

### 运用练习

（1）请绘制云台山和龙门石窟商业网点的分布图。

云台山：

龙门石窟：

（2）至少选取2个商业网点，进行5分钟的观察，记录商业网点内各地点及不同时间段的消费情况（如人数、性别比例、消费产品、消费金额）。

## 学科5·植物课程

## 课程 1 植物保卫战

1. 森林植物的分层现象

森林植物的分层景观如图2-26所示。

（1）乔木是指树身高大的树木，由根部发生独立的主干，树干和树冠有明显区分，有一个直立主干，且高达6米以上的木本植物。

（2）灌木树体矮小（通常在6米以下），主干低矮且不明显，呈丛生状态，常在基部发出多个枝干的木本植物。

图2-26 森林植物的分层景观

（3）草本是具有木质部不甚发达的草质或肉质的茎，其地上部分大都于当年枯萎的植物体。但也有地下茎发达而为二年生或多年生的常绿叶种类。与草本植物相对应的概念是木本植物，人们通常将草本植物称作"草"，而将木本植物称为"树"。

（4）藤本是茎细长，缠绕或攀援他物上升的植物。茎木质化的称木质藤本，如北五味子、葛、木通等；茎草质的称为草质藤本。

（5）垫状植物属地表植物的一种。枝条具有背地性，向上方伸展，形成密集的团块状，在生活条件不良时芽可在其中受到保护。因为呈团块状，蒸腾作用小，水分保持良好，所以有利于在干旱地方生活，也是对低温和强风抵抗性强的植物。

### 2. 无裂槭叶铁线莲

无裂槭叶铁线莲是槭叶铁线莲的新变种（见图2-27），其植株低矮，高不超过20厘米，叶卵形至宽卵形，边缘近具不规则锯齿，不分裂，基部宽契形或近截形，产于河南云台山，生于海拔600~800米的山坡多砾处。

图2-27 无裂槭叶铁线莲

技能要素

（1）能够描述5种植物的指示性特征并根据特征进行植物辨认。

（2）能够区分植物所属基本类型（乔木、灌木、草本等）。

（3）能够了解不同植物类型的生境差异。

（4）能够根据指示性植物特征判断常见植物的生境。

第二章 华北地区

📝 课程笔记

📋 运用练习

寻找下面图片中 6 种常见植物进行仔细观察，并完成表 2-12。

图 2-28 泡桐 　　　图 2-29 黄连木 　　　图 2-30 核桃

图 2-31 博落回 　　　图 2-32 报春花 　　　图 2-33 野皂角

103

表 2-12　植物观察记录表

| 植物 | 生境 | 温度 | 湿度（大、小） | 光照（有阳光否） | 其他 |
|---|---|---|---|---|---|
| 泡桐 | | | | | |
| 黄连木 | | | | | |
| 核桃 | | | | | |
| 博落回 | | | | | |
| 报春花 | | | | | |
| 野皂角 | | | | | |

生境：山腰、山顶、山台、山麓、丘峦、河岸、溪边、沟谷、崖壁、阶地、阳坡、阴坡、村寨

## 课程 2　我的植物地图

### 学习资料

地图是将地球表面的各种地理事物和现象加以综合，按照一定的数学法则建立的地球和平面间的相互联系，用符号、文字和颜色把地球空间现象表现在平面上的图形。比例尺、方向、图例和注记都是地图的基本要素。植物地图则是把植物名称标注在绘制好的地图上，让学习者一目了然清楚了解该区域植被分布情况。

比例尺是表示图上距离比实地距离缩小或扩大的程度。公式为：比例尺＝图上距离与实际距离之比。比例尺有三种表示方法：数字式、线段式和文字式。三种表示方法可以互换。一般来讲，大比例尺地图，内容详细，几何精度高，可用于图上测量。小比例尺地图，内容概括性强，不宜进行图上测量。

图例是集中于地图一角或一侧的地图上各种符号和颜色所代表内容与指标的说明，有助于更好地认识地图。它具有双重任务，在编图时作为图解表示地图内容的准绳，用图时作为必不可少的阅读指南。图例应符合完备性和一致性的原则。

### 技能要素

（1）能在森林中快速、准确地定位。
（2）根据图谱辨认出不同的植物。
（3）掌握绘制简单地图的能力。

（4）能在地图上标示出植物的分布。

（5）能举例说明植物对环境的指示作用。

### 课程笔记

### 运用练习

（1）简单描述太行山植被分布的特点，并解释其原因。

（2）在规定时间内找到五种太行山的代表植物，并在地图上标出它所在的位置。根据找到的代表植物，画出太行山的植物地图。

（3）在完成植物地图的过程中你遇到的最大困难是什么？在完成植物地图后，你对植物与环境的关系有没有一个新的认识？说说你的收获。

# 第三章

# 北方地区
## 北方古陆地质地貌及草原文化科考

## 学科1·岩石课程

### 课程 1　物质元素的奇妙组合之矿物岩石

**1. 矿物**

　　矿物是具有一定化学组成的天然化合物，它具有稳定的相界面和结晶习性。由内部结晶习性决定了矿物的晶型和对称性；由化学键的性质决定了矿物的硬度、光泽和导电性质；由矿物的化学成分、结合的紧密度决定了矿物的颜色和比重等。在识别矿物时，矿物的形态和物理性质由于其易于鉴定而成为鉴定矿物最常用的标志。

　　迄今发现的矿物种数已达3 000余种，但常见的造岩矿物只有十余种，如石英、长石、黑云母、白云母、角闪石、辉石、橄榄石等，其余称非造岩矿物。它们共占地壳重量的99%。最常见的造岩矿物有下列几种。

　　（1）长石。是构成地壳的最主要的一类矿物，常见于火成岩、沉积岩和变质岩中。具瓷状光泽，硬度6，二向完全解理。解理呈正交者为正长石，多为肉红色；解理呈斜交者称斜长石，多为浅灰白色。由于长石晶体构造中容许大量的离子置换，因而有多种类型。如斜长石中的钠和钙可以完全置换，故产生了从钠斜长石至钙斜长石的一系列种类和成分的变化。

　　（2）石英。在大陆地壳中的数量仅次于长石，亦常见于各类岩石中。成分简单，无解理，贝壳状断口，具典型的玻璃光泽，硬度7，性硬，比重2.5~2.8。石英在自由生长时结晶成六面锥体，但在结晶岩中因晶体发育受空间限制，皆呈不规则形状。石英性质稳定，难于风化。

　　（3）云母。假六方柱状或板状晶体，通常呈片状或鳞片状，单向极完全解理，易剥成具有弹性的光滑透明薄片，玻璃及珍珠光泽，硬度2~3，成分复杂多样，常见的有黑云母、白云母和金云母，在酸性岩浆岩、砂岩和变质岩中常见。

（4）角闪石。成分复杂多变，常见的一种为普通角闪石，呈长柱状或条状，暗绿至黑色，硬度 5.5~6，比重 3.1~3.3，二向完全解理呈彼此斜交，性脆；在中性和酸性岩浆岩和某些变质岩中常见。

（5）辉石。成分与角闪石近似，但含铁镁较多而不含羟离子。其中常见的为普通辉石，呈短柱状，二向中等解理呈彼此正交，绿黑色，硬度 5~6，比重 3.2~3.6；常与角闪石、橄榄石、某些斜长石等共生，在基性和超基性岩浆岩中常见。

（6）橄榄石。粒状，橄榄绿色，玻璃光泽，硬度 6.5~7，性脆；为超基性岩和基性岩的主要组成矿物。

上述造岩矿物又可归纳为两种类型：一为长英质（或浅色）矿物，包括石英、长石和白云母，其色浅，比重较轻，含铁镁少；二为铁镁质（或深色）矿物，包括橄榄石、辉石、角闪石和黑云母，其色深，比重较大，富含铁镁而得名。两种类型造岩矿物共占地壳重量的 80% 多。

此外，其他常见的造岩矿物有方解石、白云石和各种黏土矿物，它们是某些沉积岩的主要造岩矿物。

### 2. 岩石

岩石是由多种矿物组成的混合物，例如花岗岩是由石英、长石和云母等矿物组成的。

主要有三大类岩石。

（1）岩浆岩。当灼热的熔岩即岩浆从地底冒出时，会慢慢冷却、凝固、结晶，形成不同种类的矿物，这些矿物又能重新结合成新的岩石。人们称这类岩石为岩浆岩。

（2）沉积岩。在地表不太深的地方，在常温常压条件下，由风化作用、生物作用和某些火山作用产生的物质，经过水流或冰川的搬运、沉积、成岩作用而形成的岩石，因此也叫作水成岩。

（3）变质岩。任何一块原始岩石被放到变化中的温度下，或者不同的压力环境之中时，都会产生变化，因此变化而形成的岩石称为变质岩。

### 技能要素

（1）了解物质元素的奇妙组合，认识五种矿物，在三大类岩石中辨认不同类型的岩石。

（2）了解地球演变历程及史前生物，明确三种和地质年代对应的史前古生物。

（3）了解地貌类型，并说出中国特有地貌。

## 课程笔记

## 运用练习

(1) 参观当地博物馆，选出你心中的镇馆之宝，用手机拍摄此展品，上传至微信群。

(2) 请罗列你做出以上选择的理由，如价格高、形态美等。

(3) 请画出你在博物馆参观的路线。

（4）以某一个地貌景观为例，记录它在不同阶段的景观形态。

## 课程 2 坚硬的岩石 远古的历史

### 📚 学习资料

**1. 青山冰臼群**

内蒙古克什克腾世界地质公园位于内蒙古赤峰市克什克腾旗，占地面积 1 343 平方千米，以第四纪冰臼群和花岗岩石林地貌及地质构造为主要特色。园区内具有 10 种类型的地质地貌景观，即冰川地貌、花岗岩地貌、火山地貌、泉类地貌、峡谷地貌、湖泊景观、河流景观、湿地景观、典型矿床及采矿遗迹景观和沙地景观，具有典型的地学意义。

青山景区位于大兴安岭山脉南段、克什克腾旗经棚镇东南 33 千米处的新井乡境内，景区内花岗岩形成的山体岩石经第四纪冰川运动，形成千姿百态的地质奇观。青山顶部平坦开阔，长约 800 米，宽约 400 米，呈椭圆形，由北向南倾斜。四周较高，中间低洼，草地与裸岩并存。山顶南面裸露的坚硬花岗岩面上约 1 000 平方米的范围，背载着千余个"冰臼"，当地人称为"九缸十八锅"。青山冰臼群是我国目前及世界上发现规模最大、形成最好、类型最多、保存最完整的"冰臼"群。

青山冰臼（见图 3-1）一般为椭圆形、圆形、匙形或不规则的半圆形，其形状如臼如缸、如碗如匙、如盆如盘、如杯如桶。一般均口大肚小，底部平坦，周边无进水口，只有在低处有出水口。冰臼大小不均、深浅不等，最大的"冰臼王"长约 10 米，宽 5 米，深达 3 米，臼内长有碗口粗的白桦和灌丛。最小冰臼的只有十几厘米。

a. 外景图　　　　　　　　　　　b. 内景图

图 3-1　青山冰臼

### 2. 花岗岩岩体山脉

花岗岩岩体山脉多呈现球形风化，质地坚硬，难被酸碱或风化作用侵蚀。

### 3. 断裂和节理

断裂，是指岩层被断开或发生裂开。

节理，是指岩石在自然条件下形成的无位移的裂纹或裂缝。图 3-2 与图 3-3 为两种不同类型的节理类型。

图 3-2　受两个方向作用力而产生的节理　　图 3-3　沿着冷却方向形成节理的玄武岩柱状海岸地貌

## 技能要素

（1）明确课程授课点的空间位置。
（2）了解该地区地貌成因及概念。
（3）用其他形式演绎地貌特征。

第三章 北方地区

📝 课程笔记

📖 运用练习

（1）观察不同的岩臼，设计一个可以采集对比不同岩臼成因及特征的清单，完成表3-1。

表3-1 不同岩臼的成因及特征对比表

| 对比项 | 岩臼1 | 岩臼2 |
|---|---|---|
| 例如：宽度 | | |
| | | |
| | | |
| | | |
| | | |

（2）尝试用简易图形式表述球状风化过程。

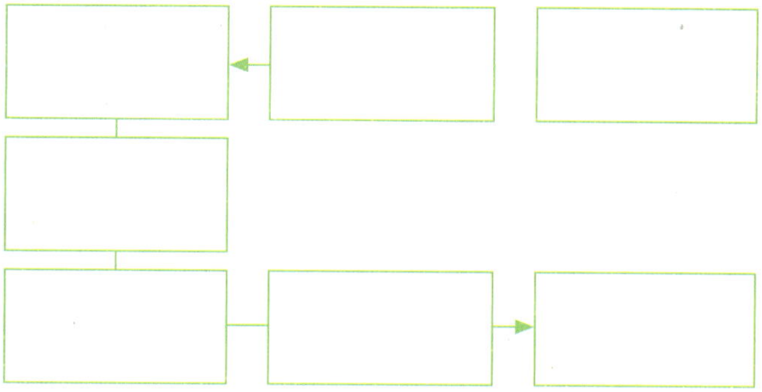

（3）找到花岗岩球状风化典型地貌点，拍照并上传学员群。
（4）沿上山线路记录观察到的山体环境特征，完成表3-2。

表3-2　山体环境特征观察记录表

| 项目类别 | 上山 | 下山 |
| --- | --- | --- |
| 时间 |  |  |
| 线路的方向 |  |  |
| 相对高度变化 |  |  |
| 植物覆盖率 |  |  |
| 岩石风化程度 |  |  |
| 居民点形态 |  |  |
| 水系分布情况 |  |  |

（5）请参照第一章的图1-16回答下列问题。

①河穴只出现在该河道的某一侧，请问导致这种现象的原因是：_____
_____

②河穴中总是有一些石块，请问它们的来源是什么？_____
_____

## 课程 3　阿斯哈图的冰雪故事

### 1. 阿斯哈图石林

阿斯哈图石林位于赤峰市克什克腾旗人民政府所在地经棚镇东北方向105千米处，是克什克腾世界地质公园九大园区之一。阿斯哈图是蒙古语，意为"险峻的岩石"。阿斯哈图石林分布在大兴安岭最高峰——黄岗峰以北约40千米、海拔1 700米左右的北大山上，石林沿山脊呈北东向展布，共有四个核心景区（其中一个景区已经关闭）。

景区地处高山草甸草原与原始白桦林的交汇地带，这里植被茂盛，植物资源丰富。

阿斯哈图石林在形态上与云南的路南石林、元谋土林、新疆的雅丹地貌和现代冰川上的冰林均有相似之处，经众多有关专家考察认证，阿斯哈图石林是花岗岩地貌与石林地貌相结合的一个新类型，属花岗岩石林，是目前世界上独有的一种奇特的地貌景观，如图 3-4 所示。

a. 景观 1　　　　　b. 景观 2　　　　　c. 景观 3

图 3-4　阿斯哈图石林

石林主要是在冰盖冰川的刨蚀、掘蚀和冰川融化时流水的冲蚀作用下，由两组近于垂直的节理和一组近于水平的节理切割而成。

经专家考证，阿斯哈图花岗岩石林由岩浆活动、冰川作用、构造运动、风蚀作用、特殊气候和人类活动等条件促成，正是因为它的成因、构造和岩性的不同，所以它与其他石林地貌有本质的区别，是世界上罕见的花岗岩石林景观，堪称世界奇观。

### 技能要素

（1）学会判断地貌起伏的原因。

（2）学会判断岩层新老关系。

### 课程笔记

### 运用练习

（1）观察阿斯哈图石林，选择其中的三个石柱，记录其不同特征，完成表 3-3。

表 3-3　石林中不同石柱观察记录表

| 石林里的石柱 | 经纬度 | 形状 | 高度/米（目测） | 纹理宽度/厘米 | 纹理间隔宽度/厘米 | 纹理中是否有植被 |
|---|---|---|---|---|---|---|
| 石柱 1 |  |  |  |  |  |  |
| 石柱 2 |  |  |  |  |  |  |
| 石柱 3 |  |  |  |  |  |  |

（2）从远处观察石林的纹理，再走进触摸石头的纹理，差异是什么？

（3）请你将图 3-5 中小人脸上满脸的皱纹产生的原因找出来。用同样的方法，画出促使图 3-6 中石柱纹理产生的作用力。

图 3-5　小人脸上的皱纹示意图

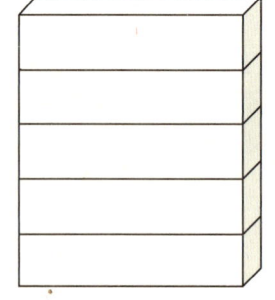

图 3-6　石柱纹理示意图

（4）图 3-7 是云南石林景观图，分析其成因。

图 3-7　云南石林

## 课程 4 火山熔岩和沉积物

### 学习资料

狭义的喷出岩即指各种熔岩。熔岩具有两种含义，一是指喷出地表后挥发分逸散的炽热熔融状态的岩浆，又称熔浆；一是指由熔浆冷却凝固而形成的岩石。没有冷却的熔浆可以沿山坡或河谷流动，其前端多呈舌状，称为熔岩流。由于熔浆化学成分的差异，其黏稠性和流动速度亦不同。基性熔浆一般含 $SiO_2$ 较少，黏性小，流速快；酸性熔浆含 $SiO_2$ 较多，黏性大，流速慢。大面积的熔岩流冷凝而形成的岩石称为熔岩被。熔岩冷凝过程中，由于岩石导热性和地表形态的差异，可形成波状熔岩、绳状熔岩、块状熔岩、熔岩瀑布和熔岩隧道等各种形态。熔浆可以是在火山爆发时从火山口喷流出来，也可以是沿断裂溢流出来。

广义的喷出岩包括各种熔岩和火山碎屑岩。火山碎屑岩主要是由火山作用而形成的各种碎屑物堆积而成的，往往混有一定数量的正常沉积物或熔岩物质。

### 技能要素

学会判断微地貌成因。

### 课程笔记

### 运用练习

（1）观测不同火山，完成表 3-4。

表 3-4　火山观测情况表

| 火山 | 目测高度/米 | 形状 |
|---|---|---|
| 火山 A | | |
| 火山 B | | |
| 火山 C | | |

（2）上山考察过程中，留意沿途岩石及植被，完成表 3-5。

表 3-5　岩石及植被观察表

| 项目 | 山脚 | 山顶 |
|---|---|---|
| 岩石周长/厘米 | | |
| 岩石直径大小/厘米 | | |
| 岩石风化程度 | | |
| 植被种类 | | |
| 植被高度/米 | | |
| 植被数量（样方） | | |

（3）用流程图来绘制平顶山火山群地貌景观的形成过程。

（4）图 3-8 是云南腾冲火山口景观图，分析该景观和平顶山火山群地貌的成因差异。

图 3-8　云南腾冲火山口景观

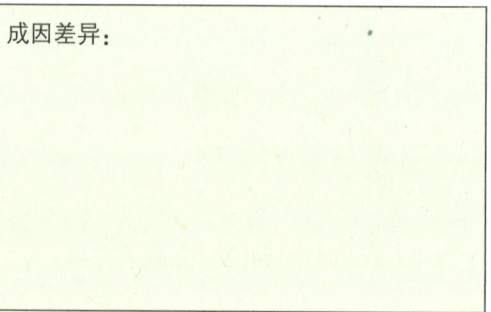

成因差异：

## 学科2·文化课程

### 课程 1 明长城

📚 学习资料

#### 1. 长城名片

| | 出生 | 生于春秋战国时期 |
|---|---|---|
| | 成长 | 此后历代至明清都不同规模地修筑过长城，延续不断修筑了2 000多年。尤以秦朝万里长城、汉长城、明代边墙等最为浩大 |
| | 理想 | 抵御北方少数民族的侵扰 |

图 3-9　长城名片

#### 2. 明长城

（1）明长城的英姿。西起今甘肃省嘉峪关市（祁连山东麓），东达今河北省秦皇岛市山海关（鸭绿江畔辽宁虎山），行经辽宁、河北、天津、北京、山西、内蒙古、陕西、宁夏、甘肃、青海十个省（自治区、直辖市）的156个县域，总长度8 851.8千米。其中，人工墙体的长度为6 259.6千米；壕堑（战壕）长度为359.7千米；天然险长度为2 232.4千米。

（2）明长城的管理。明朝将长城全线分为九镇，委派总兵（亦称镇守）官统辖，亦称之为九边重镇。其中黄花城水长城属于蓟镇长城的一段。

（3）明长城的构成要素。明长城的构成要素，详见图3-10至图3-16所示。

图 3-10　城墙

图 3-11　嘉峪关

图 3-12　山海关

图 3-13　墩台

图 3-14　敌台

图 3-15　墙台

图 3-16　垛口

　　墩台与敌台大部分建于长城内、外的高山顶，易于瞭望的丘阜或道路折转处。墩台的初始作用就是瞭望军情和传递消息，战时可成为藏兵侦查和防御作战的堡垒。墩台外圈围墙，内有守军的住房、仓房、羊马圈等，实际也是守军及其家属组成的微型聚落。

　　与长城配套的还有城堡和驿站。

　　（4）明长城的建筑材料。修筑长城的主要建筑材料有土、砖、石头、木材、瓦等，大部分就地取材，随地形建制。

## 技能要素

　　（1）了解黄花城水长城所处的空间位置。

（2）观察并按一定比例画出长城的主要构成要素，描述各要素所处位置；了解每种要素的功能。

（3）触摸并分辨出黄花城水长城的建筑材料。

（4）推测都有哪些人参与修筑长城，他们如何获得建筑材料、搬运建筑材料并建筑？

（5）了解一个与长城有关的故事。

 课程笔记

运用练习

（1）观察长城，找出其主要构成要素及其建筑材料，并测量其长、宽、高，完成表 3-6。

表 3-6　长城构成要素及建筑材料观察测量情况表

| 构成要素 | 建筑材料 | 长/米 | 宽/米 | 高/米 | 功能 |
| --- | --- | --- | --- | --- | --- |
|  |  |  |  |  |  |
|  |  |  |  |  |  |
|  |  |  |  |  |  |

（2）分析说明黄花城水长城为什么会形成长城落入水中的现象？

（3）查询并绘制黄花城水长城与十三陵、故宫的地理位置，并试分析长城如何实现对十三陵和故宫的防御功能。

## 课程 2 汇宗寺

### 学习资料

**1. 汇宗寺的成长故事**

（1）诞生。清朝为加强北方边防和对喀尔喀蒙古的管理，清朝康熙皇帝在三度亲征平定了葛尔丹叛乱之后于1691年（康熙三十年）亲赴多伦淖尔草原，召集外蒙古三部首领与内蒙古各部的49旗王公贵族共商国家统一与北部边疆事宜。会盟期间，又将外蒙古三大部落仿照内蒙古的体制，实行盟旗制度，从而理顺了内外蒙古各部旗之间的关系，确立了对外蒙古的统治和管辖，从此外蒙古正式列入清朝版图。为纪念这次盛事，应蒙古王公们的请求，清政府决定由国库拨10万两白银，仿北京故宫中和殿的风格，建造一座宏伟的藏传佛教寺院，即多伦淖尔庙。

（2）发展。寺庙建成后，又御书寺名"汇宗寺"，取《尚书》"汇汉朝宗於海"之意。要求内外蒙古120旗，每旗派2人进寺供职：一个是各旗王爷的儿子，一个是各旗最聪明的喇嘛。受朝廷委派住持汇宗寺的章嘉大活佛，与西藏达赖、班禅和外蒙古哲布尊丹巴，成为藏传佛教的四大领袖。但因章嘉拥有清廷册封的"大国师"称号，地位又在其他三人之上。通过这种政教合一的方式，清王朝实现了对这一地区的有效统治。庙里住有1 000余名喇嘛，每个喇嘛年饷50两，由租银地及各旗县供给。此外清政府还将寺庙周围方圆30千米的土地出产均划归喇嘛庙。

（3）挫折。汇宗寺主殿在清同治年间被火烧掉，后集资重建，殿体壮观与前相同。1945年被苏军火焚，所余庙舍被作为县粮食局仓库。"文化大革命"期间再次遭到破坏，寺中喇嘛也被迫离开寺庙。

（4）重生。1986年，多伦文物管理所成立，汇宗寺受到保护，在废弃数十年后重新得到人们的关注。多伦县人民政府从2000年开始对汇宗寺采取抢救措施，在财政并不宽裕的情况下陆续拨出巨款进行修复，此项工作还在继续进行之中。2001年汇宗寺被列入全国重点文物保护单位。我们现在能看到的汇宗寺是2005年左右，经过修缮，并逐渐恢复开放的新庙宇，如图3-17所示。

图3-17　汇宗寺

2. 汇宗寺灵魂

汇宗寺灵魂乃是藏传佛教格鲁派（黄教），倡导僧人应严守戒律，有严密的管理制度。

### 技能要素

（1）观察并客观描述或画出汇宗寺建筑样式（包括屋顶样式、大门、材质、颜色、坐向、基本结构）。

（2）写下你参观汇宗寺的时间及当时气温，观察并描述寺庙内僧人衣着、发饰等的颜色与样式特征。

（3）能列出与汇宗寺有关的两个历史人物，了解汇宗寺起源与其在不同历史阶段的状态，并尝试理解同一个寺庙在不同时期遭遇不同命运的社会原因。

### 课程笔记

### 运用练习

（1）观察并画出或描绘你所观察到的汇宗寺僧人形象特点与汇宗寺建筑特点，完成表3-7。

表3-7 汇宗寺僧人形象与建筑特点情况表

| 元素 | 特点（样式、颜色） | 图画 |
|---|---|---|
| 僧人衣着 | | |
| 僧人发饰 | | |
| 房顶 | | |
| 大门 | | |
| 建筑布局 | | |
| 壁画特征 | | |
| 其他 | | |

（2）汇宗寺在其诞生、发展、受挫、重生四个时期分别担当什么社会功能或角色？请尝试解释为何在不同历史阶段，汇宗寺遭遇到不同命运？

（3）明朝修长城与清朝建汇宗寺都是为了处理边疆关系巩固自身统治，这两种方式有什么不同？

## 课程 3 历史的印记

### 学习资料

#### 1. 内蒙古自治区行政划分

内蒙古自治区，简称蒙，首府呼和浩特市。辖9个地级市、3个盟（合计12个地级行政区划单位），22个市辖区、11个县级市、17个县、49个旗、3个自治旗（合计102个县级行政区划单位）。

锡林郭勒盟辖2个县级市、1个县、9个旗，盟公署驻锡林浩特市。分别包括二连浩特市（乌兰社区）、锡林浩特市（希日塔拉街道）、阿巴嘎旗（别力古台镇）、苏尼特左旗（满都拉图镇）、苏尼特右旗（赛汉塔拉镇）、东乌珠穆沁旗（乌里雅斯太镇）、西乌珠穆沁旗（巴拉嘎尔高勒镇）、太仆寺旗（宝昌镇）、镶黄旗（新宝拉格镇）、正镶白旗（明安图镇）、正蓝旗（上都镇）、多伦县（多伦淖尔镇）。

#### 2. 元上都遗址

锡林郭勒草原既是蒙古族发祥地之一，又是成吉思汗及其子孙走向中原、走向世界的地方。统一蒙古各部落过程中，成吉思汗在此打过有名的乌鲁辉之战、野狐岭之战、一举歼灭金朝30万精锐等战役，锡林郭勒大草原上，至今留传着许多有关成吉思汗的传说。

成吉思汗之孙忽必烈，在锡林郭勒草原上继承帝位，建立大元帝国，并在锡林郭勒草原上建筑了著名的元上都，之后的元朝8位皇帝也都在元上都继位。忽必烈确立了两都巡幸制度，上都为夏都，与元大都共同构成了元朝的两大首都。元上都作为陪都，每年夏季皇帝率领重要大臣来这里避暑和处理政务，因此将宫城建成园林式的离宫别馆。

元上都遗址位于内蒙古自治区锡林郭勒盟正蓝旗境内，多伦县西北闪电河畔，东经116°09′50″~116°11′40″，北纬42°20′40″~42°22′13″。南临上都河，北依龙岗山，周围是广阔的金莲川草原，形成了以宫殿遗址为中心，分层、放射状分布，既有土木为主的宫殿、庙宇建筑群，又有游牧民族传统的蒙古包式建筑的总体规划形式。保存良好的宫城、皇城、外城城墙、整齐对称的街巷、错落有致的建筑遗迹、自然生态良好的草原、众多的人义遗迹、优美的生态环境，构成了中国目前保存最完整的大型古代都城遗址。由我国北方骑马民族创建的这座草原都城，被认定是中原农耕文化与草原游牧文化奇妙结合的产物，史学家称誉它可与意大利庞贝古城媲美。2012年6月29日，第36届世界遗产委员会会议讨论并通过将中国元上都遗址列入《世界遗产名录》。

元上都遗址（见图3-18）呈方形，站在城外的台基上，依稀可以辨认出当年的房屋格局。上都城周长约9千米，分为外城、皇城、宫城三重。其中，宫城是整个建筑的重中之重，是皇帝和后妃们夏季避暑时的居住之地，风格以自然为主；皇城和外城则是官吏们的居住地。此外，在都城附近还有一座面积很大的御花园，古时有竹径楼台，大理石宫殿，奇花异卉，原本还放养了一些麋鹿等动物，以供帝王游猎。公元1358年，上都城在元末农民起义的战火中被焚毁，其后又历经战争，最终变为一座"拥抱着巨大文明的废墟"。

图3-18　元上都遗址

元上都遗址现存有13门。其中，宫城3门，不设瓮城；皇城6门，外城4门，城门外均建有方形或马蹄形瓮城，至今还保留有城门楼的石柱础。在元上都北门外的龙岗下，有元代著名科学家郭守敬设计修筑的一道拦洪大坝，名为铁幡竿渠。这是一项历史上著名的水利工程，至今哈登台敖包之上仍留有当年的铁幡竿渠石基座。

### 3. 公元纪年法与年号纪年法

（1）公元纪年法。目前世界上广泛通用的纪年法，我国是从1949年中华人民共和国成立之后采用公元纪年的，今年是公元2018年。

（2）年号纪年法。帝王在位时用来纪年的一种名号，我国历史上第一个用年号纪年的是汉武帝刘彻，年号"建元"，即位那年称建元元年（公元前140年），顺次为建元二年、建元三年等，更换年号就重新纪元。从此以后，历代帝王都用年号，被认为是帝王政权的象征。新君即位，或国家发生大事，绝大多数都换年号，一个帝王曾用许多年号。如：唐高宗李治用了14个年号，分别是永徽、显庆、龙朔、麟德、乾封、总章、咸亨、上元、仪凤、调露、永隆、开耀、永淳、弘道，武则天在位时用了17个年号，因各朝代皇帝的年号有雷同，为避免混淆和误会，到明清规定，一帝一号。如：明成祖——永乐，明神宗——万历，清圣祖——康熙，清世宗——雍正，清文宗——咸丰等。历史上使用过的年号，有800多个。

### 🏆 技能要素

（1）学会收集、选择使用史料并甄别其可信度。

（2）区分草原文明与农耕文明，并从元上都遗址中找到对应证据。

（3）根据对当地历史人物、历史事件、历史遗址的了解，尝试写下你所获得的史料并论证历史结论。

（4）同学交换上一题答案，并分辨出历史结论与历史史料，根据历史史料来源判断其真实性，并判断论证过程是否符合逻辑，推理是否严密。

## 第三章 北方地区

📝 **课程笔记**

📝 **运用练习**

（1）参观元上都遗址，你找到哪些证据可以证明元上都有着农耕文明和草原文明？这些是一手史料还是二手史料？完成表3-8。

表3-8 参观元上都遗址情况记录表

| 文明类型 | 证据 | 史料类型 |
| --- | --- | --- |
| 草原文明 |  |  |
|  |  |  |
|  |  |  |
| 农耕文明 |  |  |
|  |  |  |
|  |  |  |

（2）用文字或绘图描述你在参观元上都过程中印象最深刻的部分，如宫殿、墓葬群等，哪些是一手史料，哪些是二手史料？尝试根据你所观察到的现象做一个合理的历史推论。

（3）判断下面史料属于一手史料还是二手史料，根据这些史料能推导出什么结论，哪些内容值得怀疑？完成表3-9。

材料1：河姆渡遗址稻谷堆积层（图3-19）。

材料2：春秋战国时期铁农具（图3-20）

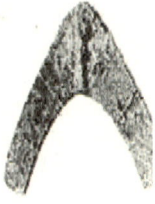

a. 农具1　　　b. 农具2　　　c. 具3　　　d. 农具4

图3-19　河姆渡遗址稻谷堆积层　　图3-20　春秋战国时期铁农具

材料3：白居易的诗篇《朱陈村》，描写了唐代的农村生活景象："徐州古丰县，有村曰朱陈。去县百余里，桑麻青氛氲。机梭声札札，牛驴走纭纭。女汲涧中水，男采山上薪。县远官事少，山深人俗淳。有财不行商，有丁不入军。家家守村业，头白不出门……"

表3-9　各材料的史料类型

| 项目 | 史料类型 | 哪些内容值得怀疑 |
| --- | --- | --- |
| 材料1 |  |  |
| 材料2 |  |  |
| 材料3 |  |  |

# 学科3·植物课程

## 课程1　离离原上草

物候是指生物长期适应温度条件的周期性变化，形成与此相适应的生长发育节律，这种现象称为物候现象，主要指动植物的生长、发育、活动规律与非生物的变化对节候的反应。

例如植物在一年的生长中，随着气候的季节性变化而发生萌芽、抽枝、展叶、开花、结果及落叶、休眠等规律性变化的现象。

 **技能要素**

了解植物的物候特征，感知植物与其栖息地变化的内在联系。

 课程笔记

运用练习

（1）请在元上都的赏花区做样方植被的观察和记录，体验自然之美。

①请在道路（电瓶车道）两旁的花海里选择观察的地点（每个观察样方的大小约为1米×1米），按以下示范记录下来。

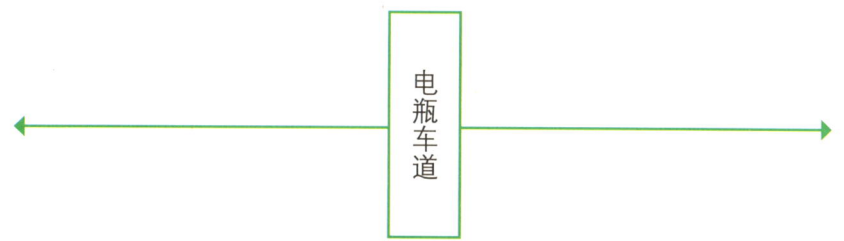

②填写表3-10（根据观察地点的植被情况，自行拟定观察事项）。

表3-10 植被情况观察表

| 观察地点 | 植被情况 | | | | |
|---|---|---|---|---|---|
| | | | | | |
| A | | | | | |
| B | | | | | |
| C | | | | | |

（2）描述以下两种植物的特征和生境（图 3-21 为蒙古栎，图 3-22 为狼毒花）。

图 3-21　蒙古栎

图 3-22　狼毒花

## 课程 2　白音敖包国家级自然保护区

📚 学习资料

**1. 白音敖包国家级自然保护区。**

白音敖包国家级自然保护区位于内蒙古自治区赤峰市克什克腾旗西北部，地理坐标为东经 117°05′38″~117°20′00″，北纬 43°29′18″~43°36′42″。总面积为 138.6 平方千米，其中核心区面积 27.8 平方千米，缓冲区面积 35.4 平方千米，实验区面积 75.4 平方千米。主要保护对象是世界仅存的珍稀树种——沙地云杉。保护区内有植物 74 科 263 属 535 种，鸟类有 18 目 48 科 181 种。其中，一级保护鸟类有黑鹳、白鹳、大鸨、金雕和中华秋沙鸭 5 种；哺乳动物有 6 目 15 科 60 种，主要有马鹿、猞猁、狍子、沙狐、豹猫等。

保护区气候属温带大陆性草原气候，年平均气温-1.4℃，最低气温-37℃，大于5℃的年积温为1 942℃；年降水量350毫米左右，多集中在6—8月份，年蒸发量为1 526毫米，为年降水量的3.4倍；无霜期为78天；年日照时数约2 800小时；平均风速为3.8米/秒，最大风速达28米/秒，冬季多西北风，夏季多西南风；土地类型以沙地为主，在迎风坡的沙地云杉林下，为风积沙层上发育的薄层腐殖质的灰色森林土，此外，还有沙质黑钙土、砂栗土、沙质草甸土等，土层薄、贫瘠、干旱、透水性强是本区土壤的主要特征。

保护区地处大兴安岭南部山地向内蒙古高原的过渡地带，具有沙地、森林、草原、湿地等多样的生态系统，生物多样性显著。地势南高北低，以南部的敖包山为最高点，海拔1 498.88米，向北逐渐降低，地形起伏不大，绝大部分为东西走向的连续而不规整的垄状固定沙带，少部分为半固定沙地及零星分布的新月形沙丘，平均海拔在1 350米之间。保护区内分布的主要河流有查干套海河和敖包河。其中，南部的敖包河在境内流经长度为9千米，而北部的查干套海河由保护区东北部流入境内，将保护区分为东西两部分，境内流经长度为14千米。

"白音敖包"是蒙古语，译为"美丽富饶的山峰"，敖包山是当地及周边牧民心中的神山，每年的农历五月十三日，周边的蒙古族牧民都来这座山上烧香、祈祷，祈求一年的平安、健康、风调雨顺、丰收富足。山上有喇嘛颂经，山下举行"那达慕"（译为"游戏、娱乐"），白音敖包由此山而得名。

### 2. 沙地云杉

沙地云杉是我国内蒙古自治区特有的珍稀濒危树种，在世界上只集中分布在内蒙古浑善达克沙地东南部的固定沙丘地带。白音敖包国家级自然保护区是我国沙地云杉林分布面积最大（19.5平方千米）且长势较好（平均高17米）、林相整齐（郁闭度达0.6~0.8）和最有代表性的地区。沙地云杉林是我国一种非常特殊的森林生态系统类型，是欧亚大陆云杉林的一个变体，这在国内外均属罕见。

沙地云杉高耸挺直，外形似塔，苍翠葱郁，平均树龄80~120年，最大树龄有400年左右，胸径最大为80厘米，平均胸径为22厘米，树干最高25米，平均树高为12米。沙地云杉树冠呈灰蓝绿色，肉眼下针叶气孔线布满白色粉末，当年生枝条为淡橙黄色，被有密毛。与红皮云杉和白杆云杉不同，沙地云杉球果更大，幼果颜色为紫色或绿色。沙地云杉的树干和根系以其独特的生存环境形成了显著的特征。由于长期适应半干旱地区生态条件，沙地云杉根系发达，特别是侧根，一般可达树高的1.5~2倍，根系重量占总重量的73%左右；而幼龄树主根分布也较深，可达2米。尽管沙地云杉根系发达，但仍属于浅根系类型，侧根多分布于表层20~50厘米层次。此外，就其水平分布来说，沙地云杉根系密度随着与树基距离增大而减小，根系密度从1米处的每平方米39根下降到2米处的每平方米26根。

沙地云杉林生态系统属于草原植物区系，因而种类组成具有一定数量的草原成分；同时属于"干冷型"暗针叶林类型，在森林组成上具有一定暗针叶林的特点，林内相对阴暗、潮湿，藓类植物特别发达，有较多阴性或耐阴性植物种类。沙地云杉林群落结构简单，通常分为乔木、草本和藓类三层；林内有种子植物161种，隶属49科123属，另外有苔藓植物6种。其中蕨类植物仅1属1种，裸子植物2科2属2种，被子植物46科120属158种。沙地云杉具有多世代复林层群聚的特征，母树周围越向外缘的树越高，形成同心圆式的分布序列；一些地区形成明显的群落镶嵌现象。

　　沙地云杉作为我国特有树种，其分布范围狭窄，面积很小，但却具有重要的生态意义和功能价值，是大自然赋予人类的珍贵而古老的生物遗产。无论从景观资源的典型性、独特性还是自然性而言，都具有十分重要的观赏价值、研究价值和保护价值。由于长期生长在寒冷、干旱、贫瘠的沙地上，对恶劣环境具有强大的适应能力，而且具有较大的后期生长优势，是较好的固沙造林树种，对控制我国北方土地沙漠化，改善生态环境具有现实意义。

 **技能要素**

　　能够绘制植物地图。

 **课程笔记**

**运用练习**

（1）绘制一幅白音敖包指定区域的植物地图，至少包括15种植物。

图例

（2）请用同样的方法绘制你所居住小区的植物地图，至少包括20种植物。

## 学科4·综合考察课程

### 课 程 1 人类活动对自然保护区的影响（1）

**学习资料**

达里诺尔国家级自然保护区位于内蒙古赤峰市克什克腾旗的西部，距克什克腾旗人民政府所在地经棚镇约90千米，总面积1 194平方千米。达里诺尔国家级自然保护区是一个以保护珍稀鸟类及其赖以生存的湖泊、河流、沼泽型湿地、草原、林地、沙地等多样性的生态系统以及火山遗迹和历史文化古迹为主的综合性自然保护区。达里诺尔国家级自然保护区的地理坐标为东经116°22′~117°00′，北纬43°11′~43°27′。

（1）气候。达里诺尔国家级自然保护区属中温型大陆性气候，具有高原寒暑剧变特点，昼夜温差大，气候干燥，日照时间长，太阳辐射强，风沙大，热能及风能资源丰富。年平均气温为1~2℃，1月份最冷，极端最低气温达到-45℃，年最低气温在-20℃以下的日数超出100天；7月份最热，平均气温为16~18℃，≥10℃积温1 300~1 700℃。地温变化与气温变化均呈单峰型，最大冻土厚度为191厘米。春季气温回升快，风速大，降水少，气候干燥，是全年大风最多的季节，其瞬间风速最高达11级。夏季气候温凉，降水集中，雨热同季，降水分布不均，暴雨伏旱时有发生。

（2）地质。达里诺尔国家级自然保护区及周围地区在地质构造上属大兴安岭新华夏隆起带，新构造运动强烈。第三纪末期至第四纪初期的东西断裂，以及多次的火山喷发等，奠定了本地貌发育的基本格局，也为水资源的分布打下了基础，加之气候、土壤和植被的地带性差异等多种自然地理因素，都对保护区水资源的生成、分布、储存及运移产生了积极影响。在多种自然条件中，降水是本地区水资源的主要补给来源，降水量多少及地区差异，直接影响地表水的发育程度及河流特征，也决定了地下水，特别是潜水的分布状况和富水程度。

（3）水文。达里诺尔国家级自然保护区境内有贡格尔河、亮子河、沙里河、耗来河等河流，均属内流河，水量小，泥沙少，曲流极为发育，河流两岸多发育形成湿草甸。保护区内现有有水湖泊5个，总面积为247.4平方千米，占保护区总面积的20.55%，湖泊中以达里湖为最大，面积为228.8平方千米，储水量约16亿立方米。岗更湖的面积为20平方千米，平均水深2.3米，储水量为4 600万立方米。多诺诺尔湖面积为2.4平方千米，平均水深1.8米，储水量为700万立方米。达里湖的补水河道分别由贡格尔河（这是尝试用水计划的基础之一）、亮子河、沙里河及耗来河供给，其中水量最大的河道为贡格尔河。四条河流补给总量为每年0.609亿立方米，其中贡格尔河的补给量为每年0.457亿立方米，占河流补给量的75%。降水量为每年0.714亿立方米，河流与降水量总共补给量为每年1.323亿立方米。地下水补给量为1.1亿立方米。该区蒸发量为每年2.5亿立方米，其水分亏缺量为每年0.223亿立方米。

达里湖属于内蒙古高原干旱区的封闭性湖泊，湖水属苏打型盐碱湖，含盐量高碱度大，其中钾钠少、钙镁多、磷含量低以及硫酸盐少等是湖水的最主要特点。

（4）植物。达里诺尔国家级自然保护区有野生维管束植物72科279属544种。其中包括2种国家二级保护植物（第一批），分别是沙芦草和毛披碱草；水生浮游植物72种。达里诺尔国家级自然保护区丰富的植物资源中蕴含着大量的具有经济意义的植物，初步统计有药用植物294种，占保护区全部维管植物的68%，常见的种类有甘草、麻黄、防风、柴胡、益母草、黄芩、香蒲、芦根、穿龙薯蓣、黄精、一叶秋、肋柱花、香青兰、兰盆花等。保护区中等质量以上牧草约有183种，其中83种为优良牧草。保护区内还具有丰富的观赏植物，如二色补血草、飞燕草、柳穿鱼、山丹、石竹、野罂粟等约75种。除此之外，保护区内还有许多种食用植物，如野菜类有苣荬菜、反枝苋、野韭、黄花菜等，野果有山楂、山荆子、秋子梨等。

（5）动物。达里诺尔国家级自然保护区有鱼类21种；浮游动物36种；哺乳动物15种；鸟类18目48科296种。其中，国家一级保护鸟类10种，分别为东方白鹳、黑鹳、白尾海雕、玉带海雕、金雕、白头鹤、丹顶鹤、大鸨、遗鸥、中华秋沙鸭。国家二级保护鸟类44种，分别为赤颈鸊鷉、角鸊鷉、卷羽鹈鹕、黄嘴白鹭、白琵鹭、鸿雁、大天鹅、小天鹅、疣鼻天鹅、鸳鸯、黑鸢、苍鹰、雀鹰、日本松雀鹰、白头鹞、白尾鹞、白腹鹞、鹊鹞、普通鵟、大鵟、毛脚鵟、棕尾鵟、乌雕、草原雕、短趾雕、鱼鹗、秃鹫、猎隼、燕隼、灰背隼、红脚隼、黄爪隼、红隼、游隼、蓑羽鹤、白枕鹤、灰鹤、雕鸮、长耳鸮、短耳鸮、纵纹腹小鸮、花头鸺鹠、小杓鹬、小鸥。被列入中国生物多样性保护行动计划中的鸟类物种优先序列有27种。

### 🏆 技能要素

（1）明确自然保护区的重要意义是生物多样性的保护。
（2）明确环境整体性和差异性体现在保护区多个方面。

第三章 北方地区

📝 课程笔记

📖 运用练习

（1）画出达里诺尔国家级自然保护区范围示意图。

（2）简述设立达里诺尔国家级自然保护区的意义。

（3）说说达里诺尔国家级自然保护区的哪些地方是你最想去的。

（4）列举几个你知道的省级保护区。

## 课程 2　人类活动对自然保护区的影响（2）

### 学习资料

**1. 达里湖鱼产**

达里湖的半咸水质，使之只有华子鱼（学名：瓦氏雅罗鱼）和鲫鱼存活，鱼种虽少，但产量非常高，且十分有名。华子鱼 3 冬龄达性成熟，绝对生殖力 2.7 万~7.7 万粒。华子鱼有明显的洄游规律，生殖季节较早，江河刚开始解冻即成群地上溯至水草丰茂的淡水河道中。水温达 4~8 ℃就开始产卵，产卵在沙砾或其他附着物上，卵粒直径约 2.2 毫米。卵经 7~11 天的孵化即可出苗，幼苗顺河水水流游到大湖中栖息、生长。产卵后亲鱼进入湖岸河边肥育，冬季进入深水处越冬。

鲫鱼以2—4月份和8—12月份的最肥美，除中国西部高原地区外，广泛分布于全国各地。鲫鱼适应性非常强，不论是深水或浅水、流水或静水、高温水（32 ℃）或低温水（0 ℃）均能生存。即使在pH值为9的强碱性水域，盐度高的达里湖，仍然能生长繁殖。

### 2. 湖相沉积的两个类型

（1）碎屑湖相沉积。从湖盆边缘向湖心依次为湖滨砾外带、砂带、砂质泥灰质内带、中心部分的泥带。这与湖水能量从湖岸向湖心逐渐减小相一致。

因湖水主要是静水环境，扰动不大，且湖中富含各种水生生物，故碎屑湖相沉积常具有下述特征：薄而均匀的水平层理，包括纹层状层理、交错层理、递变层理、薄互层层理和扩散层理等，有时也具有波痕层理；深浅相间的颜色，是漂浮生物和沉积碎屑物含量季节性变化的结果，夏季沉积颜色较深，冬季较浅；富含有机质，特别是在湖的中心，长期淹没于水下，处于还原状态，沉积物一般呈较深的灰蓝色和蓝色，多锈斑和生物残骸，有的地方还有较多的泥炭分布。

（2）化学湖相沉积。干燥气候环境下，由注入湖水中的盐分因化学作用和生物作用而沉淀形成。化学湖相沉积特征是水平层理，不具交错层。

## 技能要素

（1）明确人类活动对湖泊水质的影响会直接影响鱼类生存繁衍。
（2）明确人类活动对环境的保护也有利于生物多样性的体现。

## 课程笔记

### 运用练习

**地点1：达里湖幼鱼养护基地**

（1）调查达里湖幼鱼养护基地，填写表3-11。

表3-11 达里湖幼鱼养护基地调查情况

| 地点 | 水温 /℃ | pH 值 | 含氧量 | 是否有生物存在 |
| --- | --- | --- | --- | --- |
| 达里湖 | | | | |
| 水闸处 | | | | |
| 养护基地 | | | | |

（2）观察养护基地水流方向，并做出简图。

（3）调查养护基地水闸处，填写表3-12。

表3-12 养护基地水闸处调查情况

| 地点 | 开闸时间 | 保护何种鱼类 | 水温 /℃ | pH 值 |
| --- | --- | --- | --- | --- |
| 水闸A | | | | |
| 水闸B | | | | |

（4）寻找两种适合盐碱地生长的耐盐碱植物，拍照，并传至微信群。

## 地点2：达里湖改良盐碱地

（1）调查达里湖改良盐碱地的不同地点，填写表3-13。

表3-13 达里湖改良盐碱地不同地点调查情况

| 地点 | 观察处 | 植被情况 | 土壤颜色 | 土壤湿润度 | 土壤pH值 |
|---|---|---|---|---|---|
| A | 地表 | | | | |
| | 地下20厘米 | | | | |
| B | 地表 | | | | |
| | 地下20厘米 | | | | |
| C | 地表 | | | | |
| | 地下20厘米 | | | | |

（2）根据表3-13，简述你的观点。

## 地点3：曼陀山自然保护区

（1）有一段话这样描述曼陀山自然保护区——"从景观生态系统看由北向南形成玄武岩台地、湖积平原、湖盆低地、风成沙地的格局，与之相应的是台地高原植被、湖积平原草原植被、低湿地植被、沙地疏林草原植被的分布"。结合实际考察，尝试找出这段话中对应的内容，做出简图。

（2）观察山坡上的植被，填写表3-14。

表3-14 植被情况调查表

| 地点 | 植株高度/厘米 | 树干粗细/厘米 | 叶（阔叶；硬叶） | 土壤（沙质；泥质） | 土壤厚度/厘米 |
| --- | --- | --- | --- | --- | --- |
| A | | | | | |
| B | | | | | |
| C | | | | | |

## 课程 3 浑善达克沙地

### 学习资料

浑善达克沙地自然条件独特。地势西南高，东北低，平均海拔1 300米。浑善达克沙地的中东段，为典型的坨甸相间地貌类型。在沙丘间形成的平坦草地上发育着疏林、灌丛和草甸，与其他草原构成独特的牧区风光。浑善达克沙地南部为低山丘陵地貌，是燕山北缘的低山丘陵与大兴安岭西南缘的低山丘陵交会地带，山间分布有面积较大的草原。北部的浑善达克沙地和南部的金莲川典型草原是生态环境的维持系统，更是京、津、冀地区生态环境的有利屏障。浑善达克沙地气候温和，属中温带大陆性气候，年平均气温为1.5℃，1月份平均气温-18.3℃，7月份平均气温18.7℃，极端最高气温35.9℃，极端最低气温-36.6℃，夏季凉爽宜人，是避暑的好地方。全年降雨量约为365.1毫米，而且主要集中在7—9月份，占全年降雨量的80%~90%。全年无霜期104天，冬季有180天的冰雪期。

## 第三章 北方地区

 技能要素

（1）了解沙地自然环境整体性。
（2）了解沙地自然环境差异性。

📖 课程笔记

📖 运用练习

（1）结合浑善达克沙地典型固定沙丘结构（图3-23），并根据实地调查，选择同一个沙丘的3个生境（如阳坡、阴坡、沙脊、风蚀坑、落沙坡、腰地、顶部等），分别设置1米×1米的样方，填写表3-15。

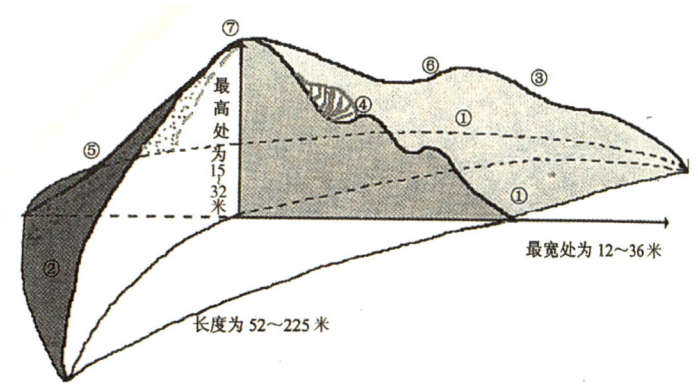

①阳坡　②阴坡　③沙脊　④风蚀坑　⑤落沙坡　⑥腰地　⑦顶部

图3-23　浑善达克沙地典型固定沙丘结构

139

表 3-15　沙丘样方情况表

| 样方编号 | 生境 | 地理坐标（纬度、经度） | 海拔高度/米 | 观察到的植被和所占范围 |
| --- | --- | --- | --- | --- |
| A | | | | |
| B | | | | |
| C | | | | |

（2）图 3-24 为丹霞山世界地质公园的景观，山巅盖绿，陡坡缺少植被，而山麓郁郁葱葱，尝试分析形成这一景观差异的原因。

图 3-24　丹霞山世界地质公园景观

## 课程 4　内流河

### 学习资料

　　内流河又称内陆河，是指由内陆山区降雨或高山融雪产生的，不能流入海洋、只能流入内陆湖泊或在内陆消失的河流。这类河流大多处于大陆腹地，远离海洋，得不到充足的水汽补给，干旱少雨，水量不丰，而山峦环绕、丘陵起伏的地形又阻断了其入海的通路，最终消失在沙漠里或汇集于洼地形成尾闾湖。如中国的塔里木河、乌裕尔河等。

　　内流河成因主要是河流流经的区域高温干旱，两岸不但没有支流汇入，而且河水因大量的蒸发、渗漏而消失在内陆。现在因人类对河流的过度引水、截流会加快内流河的形成。

　　内流河一般不长，部分内流河下游水流会逐渐消失，有的会注入内陆湖泊，形

成内流湖。内流湖的水一般比较咸，因为河流在流淌过程中，从河岸带走大量盐分，使盐分不断积累。内流河多分布在降水稀少的半干旱和干旱地区，发育在封闭的山间高原、盆地和低地内，支流少而短小，绝大多数河流单独流入盆地，缺乏统一的大水系，水量少，多数为季节性的间歇河。其水分作内循环，矿化度由上游向下游增加。内流河分布的区域称内流区域。

 技能要素

（1）明确高原河流河曲发育的主要因素是地形。
（2）掌握内流河水文水系特征。

 课程笔记

 运用练习

（1）请按照给出的方向标和比例尺绘制你看见的巴拉格尔河。

比例尺：1∶100 000

（2）根据你对巴拉格尔河的观测，选定不同的测量点，完成表 3-16。

表 3-16　巴拉格尔河不同测量点的情况表

| 测量点经纬度位置 | 水温 /℃ | 透明度 | pH 值 |
| --- | --- | --- | --- |
|  |  |  |  |
|  |  |  |  |
|  |  |  |  |

（3）你能找到证据证明巴拉格尔河是内流河吗？

（4）外流河和内流河的差异是什么？

## 学科 5·经济课程

### 课 程　现代农业模式调研

📚 学习资料

#### 1. 小汤山国家精准农业研究示范基地

小汤山国家精准农业研究示范基地（图 3-25）是 1999 年在国家发展和改革委员会、北京市发展和改革委员会、北京市科学技术委员会、北京市农村工作委员会、北京市财政局支持下，由北京市农林科学院信息技术研究中心承担建设的我国第一个精准农业技术研究试验示范基地，2002 年 10 月竣工完成，占地 166.67 公顷，总投资 5 209 万元。该基地建立了以 3S 技术为核心和智能化农业机械为支撑的节水、节肥、节药、节能的资源节约型的精准农业技术体系。基地分成四大试验区。

图 3-25　小汤山国家精准农业研究示范基地

（1）大田精准生产试验示范区集成现代信息技术和智能装备技术，在定量决策的基础上，生成施肥、灌溉和喷药处方图后，由机械进行精准施肥、灌溉和喷药作业，实现了作物管理定量决策、定位投入和变量实施的精准作业管理。

（2）设施精准生产试验示范区集成传感技术、电子技术、通信技术、计算机技术、网络技术、智能技术，根据作物生长发育规律对温室环境进行智能调控，进行了"温室娃娃"、温室环境智能监控与管理系统、移动式温室精准施肥系统、移动式温室精准施药系统、静电精准施药系统等的应用。

（3）果园精准生产试验示范区重点示范果园精准生产管理技术，包括智能语言驱鸟器、精准自动化灌溉系统、果园对靶精准施药技术等。

（4）精准灌溉试验区将农艺节水和工程节水有效链接，通过远程监控节水技术、精确灌溉技术、节水专家系统和墒情监测技术实现"工程节水"与"管理节水"的对接，进行了绿水系列节水灌溉信息采集与控制系统、墒情监测系统、地下滴灌系统和负水头灌溉系统等应用示范。

基地实现了肥、水、药等生产要素按需精准定位投入，提高了资源利用率，减少了施用化肥、农药造成的环境污染，成为全国现代农业高技术的示范窗口。依托基地研发的技术产品已达 50 多个，已经在全国 14 个省市得到不同程度的示范应用。基地每年接待国内外专家和参观访问人员 1 000 余人，已经成为我国现代农业高技术的重要交流平台。基地还是北京市和全国青少年科普教育基地。

### 2.区位

区位一方面指该事物的位置，另一方面指该事物与其他事物的空间联系。生产活动和城市的形成和发展实际是综合了自然和社会经济两大要素的结果。要分析生产活动和城市的形成和发展的规律，就要从作用于生产活动和城市的自然要素和社会经济要素着手，即分析区位条件。

### 技能要素

（1）了解现代农业发展模式。
（2）掌握区位因素分析。

### 课程笔记

### 运用练习

（1）请填画出小汤山国家精准农业研究示范基地的土地利用方式，并尝试分析其区位因素。

（2）选择填空。

①该基地在果园试验区里设置了以下几种节水灌溉方式？（　　　）

A．小管出流　　B．微喷　　C．漫灌　　D．滴灌　　E．沟灌

②这些灌溉方式常在（　　　）的地理环境中使用。

A．干旱缺水　　B．温暖湿润

（3）通过学习，说说你心目中的农业物联网。

（4）你了解的精准农业如何盈利？

（5）回到家乡附近的菜市场寻找一下，有哪些农产品是在该基地见过的品种？

# 黄河河套地质地貌及北方文化科考

## 学科1·岩石课程

### 课程 1  阴山南北  文化交融

**📚 学习资料**

#### 1. 阴山

阴山山脉是一个断层山地，山地南北地貌非常不对称。南坡陡峭，能受到东南海洋季风的影响；北坡较平缓，与蒙古高原之间没有明显的分界线。南坡以巨大的正断面与黄河平原截然分开；北坡则直接承受和阻挡着西伯利亚寒流和蒙古高原风沙南侵，成为河套平原、华北平原及首都北京的一道天然生态屏障。

大青山位于阴山山脉中部，是阴山山脉的主体部分。阴山山脉横亘于内蒙古自治区中西部，东段进入河北省西北部，连绵 1 200 多千米，南北宽 50~100 千米，是黄河流域北部界线，也是中国古代游牧文化与农耕文化的分界线。

#### 2. 乌拉山地质

"乌拉"，蒙古语意为山。乌拉山为阴山支脉，位于内蒙古巴彦淖尔明安川之南、黄河之北，西起西山咀，东至昆都仑河。乌拉山平均海拔 1 900~2 000 米，其主峰海拔 2 324 米。乌拉山的岩石主要为片岩、片麻岩、大理岩、石英岩、花岗岩、砂岩、砾岩等。由于山脉轴部上升幅度较大，引起强烈侵蚀，山脊狭窄而险要。山脉南坡有明显的断层崖俯临黄河，山沟较多，山麓有一系列洪积扇和三级阶地。沉积物由山麓至黄河北岸的三湖河平原，从洪积为主的碎石、沙砾层渐变为冲积粉砂性黏土，灌溉农业发达。

#### 3. 大青山地质

大青山海拔 2 338 米。岩石主要由太古代、元古代的片麻岩、大理岩、石英岩和古生代、中生代的砂页岩、砾岩所组成。大青山南北坡明显不对称，北坡平缓，剥蚀残余的低山丘陵和盆地交错分布，逐渐与内蒙古高原连在一起；南坡陡峭，为明显的构造断块地形，断层崖被侵蚀切割，形成一系列断裂三角面，地势险峻。山麓分布有侵蚀残余的低山和众多的山沟，雨后洪流破山而出，造成复式带状洪积扇裙。山沟被流水侵蚀成为宽谷后,往往形成前山与后山的交通孔道。山上和山后气温较低,年均温 0~4℃,山峰与山麓相差 4℃ 左右,无霜期较短,山上和山后约为 100 天,比山前生长季约短 1 个月。呼和浩特和武川相比,两地直线距离仅 40 千米,但年降水量却相差 76 毫米,山脉的屏障作用甚为明显。大青山森林覆盖率为 11.5%。阴坡海拔 1 100 米左右为干草原;1 200 米以上出现灌丛及稀疏杜松林;1 300~1 500 米有油松、侧柏、杜松混交林;1 500~2 000 米有油松、山杨、辽东栎混交林和云杉、白桦、山杨混交林及油松和云杉纯林。阳坡 1 500 米以下为干草原,1 800 米以上为山地草甸草原。土壤为山地栗钙土—山地典型棕褐土—山地淋溶褐土—山地草甸草原土。北麓山间盆地和滩川地的水土条件较好,耕地扩展很快,上限已达海拔 1 850 米。

### 4. 大青山自然环境

大青山可以称得上是一座界山,是黄河流域的北界,是季风与非季风分界线,同时也是中国古代游牧文化与农耕文化的交汇处。

大青山国家级自然保护区山地东经灰腾梁台地与冀北山地相连,西经乌拉山、狼山与贺兰山、北大山、马鬃山相通,呈东西向坐落于内蒙古草原区内。形成了一条连接和沟通东北、华北、西北动植物区系的过渡带,构成了一条环内亚干旱、半干旱区南缘的生态交错带。这条生态交错带在我国北方草原区占据了一个独特的生态区域,成为干旱、半干旱区森林的岛屿和诸多大型动物活动的通道,在维护和保持内亚荒漠草原生态稳定性,涵养水源、保持水土,屏护山南麓河套平原、包头市、呼和浩特市乃至华北平原生境具有重要意义。

保护区在植被区划上属于阴山山地辽东南亚油松林/草原山地州(简称阴山州),从区系的组成来看,阴山山地植被兼有华北森林植物区系特色及内蒙古高原草原的双重特色。这里是华北植物区系的北界,也是蒙古高原植物区系的南界,在植物区划上有着重要价值。

### 5. 阴山文化

阴山地区人类活动的历史非常悠久,是内地汉族与北方游牧民族交往的重要场所。山脉间宽谷多为南北交往的通途。例如位于呼和浩特西北的古途白道,古人以其路口千余米土色灰白,故名。北魏时曾在南端设立白道城。阴山山区现存名胜有昭君墓(青冢)、战国赵长城、高阙鸡鹿塞、武当召(汉名广觉寺)、美岱召、百灵庙等。古今有许多著名诗句描写此山。如北朝最具代表性的著名民歌之一"敕勒川,阴山下,天似苍穹,笼盖四野。天苍苍,野茫茫,风吹草低见牛羊";又如唐代诗人王昌龄的"但使龙城飞将在,不教胡马度阴山"等名句,都如实地描写了历史时期阴山的风光和人类活动。

### 6. 花岗岩地貌

在花岗岩石体基础上,各种外动力形成的形态特殊的地貌类型称为花岗岩地貌,是由花岗岩石体所构成的峰林状高丘与球状石蛋或馒头状岩丘的通称。前者主要由具岩株构造的花岗岩体组成,地势陡拔,岩石裸露,沿节理、断裂有强烈的风化剥蚀及流水切割,形成奇峰深壑;后者由穹隆状花岗岩体构成,具红色风化壳,厚 10~80

米，风化壳剥离后，露出球状石蛋或馒头状岩丘，地势浑圆。

## 技能要素

（1）学会判断山脉走向。
（2）掌握判断山脉阳坡和阴坡的一般方法。

## 课程笔记

## 运用练习

根据所学知识，分析自己家乡的地质情况。

第三章 北方地区

# 课程 2 第四纪火山群

## 学习资料

### 1. 察哈尔火山群

察哈尔火山群是内蒙古高原南缘目前发现的唯一在全新世有过火山喷发的地区,是一处天然火山"博物馆",具有很高的科研、科普和旅游价值。在内蒙古自治区的东部地区,火山是常见的景观,这里有一条火山喷发带:北起大兴安岭的诺敏河火山群,经阿尔山—柴河火山群、锡林浩特—阿巴嘎火山群,南抵察哈尔右翼后旗的乌兰哈达火山群,绵延近千公里。这其中大多数火山被森林覆盖,很难清晰地看到火山形态,而在察哈尔右翼后旗和察哈尔右翼中旗的火山却不同,这里的 30 多座火山犹如串珠状分布在草原上,平坦的地势让火山的完美身姿展露无遗。察哈尔火山群位于内蒙古自治区的乌兰察布市,包括察哈尔右翼后旗的乌兰哈达火山群和察哈尔右翼中旗的黄花沟火山群,察哈尔火山群喷发时间近,是内蒙古高原南缘最年轻的火山群,火山体态挺拔秀美。这些火山很年轻,火山形态遭受风化、剥蚀的时间不长,体型保持较好。

### 2. 乌兰哈达第四纪火山群基本特征

乌兰哈达第四纪火山群位于内蒙古中部乌兰察布市察哈尔右翼后旗,距北京直线距离约 300 千米。地理坐标为东经 113°01′~113°32′,北纬 41°26′~41°38′,处于内蒙古高原南缘。乌兰哈达第四纪火山群位于华北地台北缘,处于华北地台北缘二级构造单元白乃庙—温都尔庙古陆块和新元古代陆缘增生带交接处,坐落在前寒武纪乌拉山岩群、中上元古界白云鄂博群、海西期花岗闪长岩和中新世汉诺坝玄武岩之上。火山构造单元上属大同—大兴安岭新生代火山活动带南段。火山群面积约 280 平方千米,分布着不同类型、不同规模的火山约 30 座。火山活动严格受北东向和北西向基底断裂控制,火山锥沿断裂呈串珠状展布,构成特殊的裂隙式或裂隙—中心式火山结构。火山活动具多期性,可分为晚更新世和全新世两期。晚更新世主体为裂隙式喷发,沿北东向长约 12 千米的基底断裂上分布着一系列小型低缓的溅落锥、溅落堤及侵出熔岩脊,溅落锥之间距离很近,部分锥体相互连接,单个锥体多呈圆形和长垣形。这些溅落锥的规律性分布,表明其已属相对成熟期的裂隙式火山机构,这可由线状磁异常得到佐证;这些火山与冰岛拉基火山相似,但岩浆溢出率却很低,这又有别于冰岛拉基火山。北西向断裂上分布着 5 座溅落火山锥。全新世的火山活动为裂隙—中心式和中心式喷发,且主要为中心式火山,火山均由火山锥和熔岩流组成,规模大,形态完整,是乌兰哈达第四纪火山群的主体,与晚更新世火山受同一北东向基底断裂控制。火山锥分布在火山的北西部,熔岩流受地形控制,自北西向南东流淌,形成规模宏大的熔岩流。熔岩流类型主要为结壳熔岩,次为渣状熔岩。熔岩流前缘堰塞河谷水系形成一系列湖泊,最大湖水面积约 7.5 平方千米。堰塞湖的发育是该火山群的又一特色。组成火山的岩性为碱玄岩,岩石类型包括熔岩、熔结火山碎屑岩类和松散火山渣，以熔岩为主。乌兰哈达第四纪火山地质图如图3-26所示。

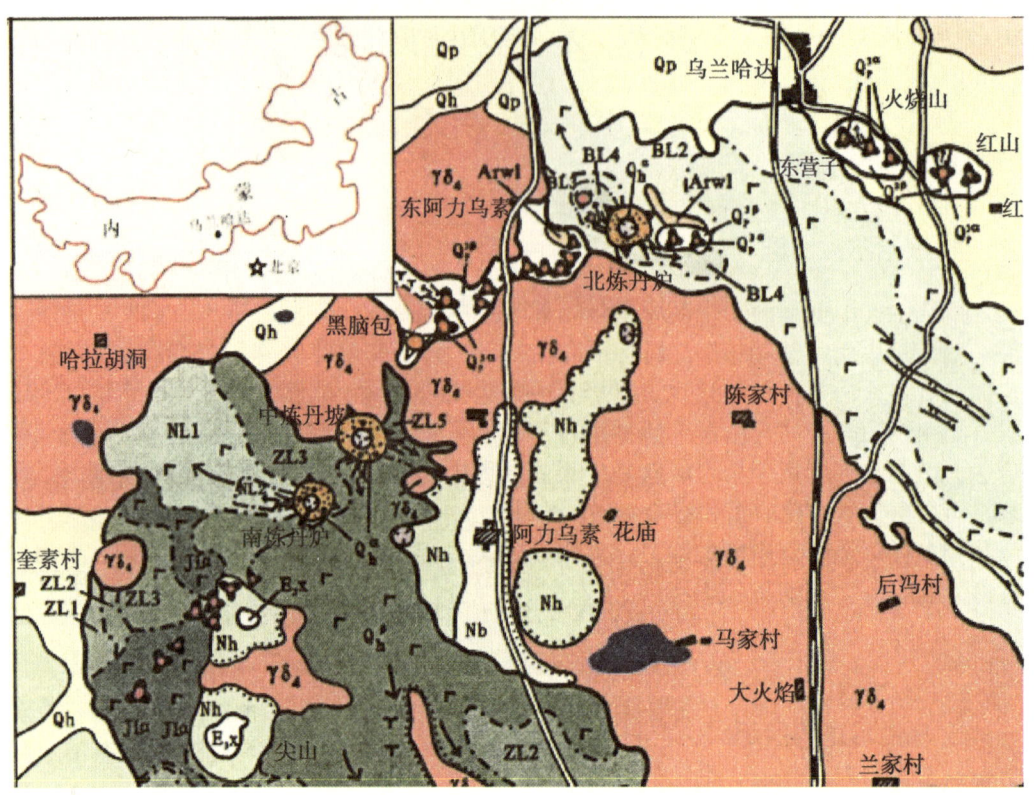

图3-26　乌兰哈达第四纪火山地质图

### 3. 火山的喷发过程

乌兰哈达第四纪火山群位于汉诺坝玄武岩台地北部，新近纪汉诺坝时期曾有过强烈活动。晚更新世晚期以来，随着内蒙古高原南缘构造活动加强，基底断裂复活，导致玄武质岩浆沿北东向和北西向断裂发生裂隙式喷发，形成一系列沿断裂带线状排列的溅落锥、溅落堤和复合火山锥。火山爆发作用弱，开始仅局部发生爆破式喷发，形成降落堆积。沿基底断裂大部分地段为熔岩喷泉式活动，形成一系列规模不一的溅落锥。晚期熔岩流自火山口缓慢溢出，有些岩浆从火口中漫溢形成熔壳状锥体。熔岩流规模小，分布范围有限。晚更新世总体虽为裂隙式喷发，但岩浆溢出率很低，溢出的熔岩流体积很小，这是本区裂隙式火山的重要特征之一。晚更新世火山喷发后，本区火山活动暂时停息，遭受一定剥蚀，使锥体高度剥蚀降解约1/3，残余火山口仅保留其轮廓，深度不足2米。进入全新世，由于晚更新世末期火山活动一度停息，裂隙式通道大部分已被凝固的熔岩堵塞，故火山活动转变为总体受断裂控制的中心式喷发。在长约12千米的断裂上，北、中、南三座"炼丹炉火山"（乌兰哈达火山群，从高空俯瞰，犹如一个个太上老君的炼丹炉，当地村民按照火山的相对方向给其中三座火山分别取名为北炼丹炉、中炼丹炉、南炼丹炉）相继喷发。由于岩浆上升减压，岩浆中挥发分出溶，使岩浆通道内压力增大，火山活动首先发生强烈爆发，高度碎屑化的岩浆碎屑物被喷向高空，然后在重力作用下降落，形成规模较大的降落火山渣锥。岩浆上升通道打开后，随着岩浆中挥发分的减少、岩浆上升速度加快以及火山口开放所造成压力的骤减，火山活动转为熔岩喷泉式喷发，发生溅落堆积，碎屑化程度很低的高温塑性熔浆碎屑溅落在火山口沿上，堆积并相互焊接，形成熔结集块岩或碎成熔岩，使火口垣不断加高，形成陡峻的溅落火山锥，溅落堆积的出现标志着爆破式火山作用已经进入晚期。溅落堆积后，由于挥发分急剧减少，岩浆溢出率快速提高，火山作用方式转为溢流式岩浆沿着碎屑锥体底部与基底接触面处的中性浮力界面形成岩浆溢出口，溢出大量熔岩，形成多股熔岩流，组成熔岩台地。熔岩流早期为结壳熔岩，晚期常为渣状熔岩。由早而晚熔岩流规模减小，小规模渣状熔岩流的溢出，暗示火山溢流活动已接近尾声。火口锥的出现，标志着炼丹炉火山活动基本结束。炼丹炉火山从早期的较强爆发降落堆积、溅落堆积，到大量熔岩流的溢出，反映岩浆中挥发分逐渐减少，火山活动强度逐渐降低，属于斯通博利式火山。炼丹炉火山活动晚期或结束后，断裂活动向西南扩展，火山喷发活动也相应向西南迁移。在尖山西形成一系列呈北东向排列的溅落锥和溅落堤，同时溢出少量熔岩流，熔岩流覆盖在中炼丹炉和南炼丹炉熔岩流之上。侵出熔岩脊，标志着乌兰哈达第四纪火山群火山活动进入休眠期。乌兰哈达第四纪火山活动总体有自北东向南西迁移的特点，不同火山熔岩流的相互叠置关系表明，全新世火山活动中，北炼丹炉、南炼丹炉火山较早，中炼丹炉火山相对较晚。

### 4. 火山的划分

（1）根据火山的喷发类型进行划分。

①熔透式火山。岩浆上升时，因过热和高度化学能，将其顶部围岩熔透，岩浆即溢出地表而成为喷出岩，又称面式喷发。这类火山在夏威夷群岛分布最多。夏威夷式火山是一种平缓的穹隆状火山，即盾形火山，它的山坡倾角在3°~10°之间，全部由熔岩组成，火山顶部是一片平坦的地面，其上有一个宽浅的火山口。夏威夷式火山喷发时熔融的岩浆从地下溢出，但没有爆炸现象，气体和火山碎屑喷发物也很少。在熔岩喷发之前，岩浆从地壳下部上涌，直到地表从火山口漫出。有时，熔岩表面形成一层薄壳，然后薄壳裂开，熔岩再流出来。

②中心式火山。火山喷发活动是通过一个近于铅直方向的主要通道与地下的岩浆库相连而喷出地表的火山，称中心式火山。现今世界上的活火山，绝大多数为中心式火山。该类火山喷发通道在平面上呈点状，又称点式喷发，其特点是形成火山锥。火山锥按组成物质划分为碎屑锥（以爆发产物为主，火山碎屑物质常大于95%）、熔岩锥（以溢流产物为主，火山碎屑物质常小于10%）、混合锥（火山碎屑物与熔岩互层组成的火山锥，为喷发和溢流交替出现的火山活动产物）。

③裂隙式火山。是岩浆沿地面上的长裂隙喷出而形成的火山。这类火山的裂隙较长，喷出的物质主要是熔岩，且流动性强，形成不典型的地表形态。冰岛拉基火山是世界上典型的规模最大的裂隙式火山，它在1785年喷发时，熔岩从16千米长的一段裂隙上的22个火山口喷出，掩盖了565平方千米的地面。

（2）根据火山的大小、形状和组成物质进行划分。

①盾状火山。通常有宽阔、平缓的侧坡和接近圆形的底部，坡面是平直的。盾状火山是由平稳喷发的玄武岩熔岩一层层堆积形成的。玄武岩熔岩的喷发比其他类型岩

浆的喷发较平稳,这是因为玄武岩中气体和硅的含量相对较小,因此黏性低的缘故。典型代表如夏威夷盾状火山(图3-27)。

图3-27 夏威夷盾状火山

②锥状火山。被火山喷发至高空的物质落回地面,堆积在火山口周围,形成锥状火山。锥状火山的侧坡非常陡峭,坡面是凹形的,且通常规模较小,多数高度不超过500米。锥状火山的岩浆里含有更多的水分、硅元素和气体,使它在本质上比盾状火山有更强的爆发性。典型代表如美国新墨西哥州卡皮林锥状火山(图3-28)。

③复式火山。火山碎屑岩和熔岩层交替堆积形成复式火山,一般是火山多次喷发所形成,坡面呈凹状。复式火山的岩浆通常含有大量的硅、水分和气体。复式火山有强烈的爆发性,它对人类和环境具有较大的潜在危险。典型代表如日本富士山(图3-29)。

图3-28 美国新墨西哥州卡皮林锥状火山　　图3-29 日本富士山——典型的复式火山

(3)根据火山的活动特征,可分为死火山、活火山和休眠火山。

①死火山指史前曾发生过喷发,但在人类历史时期从来没有活动过的火山。此类火山因长期不曾喷发已丧失了活动能力。

②活火山指喷发和预期可能再次喷发的火山。一般来说,只有活火山才会发生喷发。世界上还在经常喷发的活火山,如西西里岛的埃特纳火山,夏威夷岛上的基劳埃阿火山,意大利的维苏威火山,印度尼西亚的喀拉喀托火山,非洲刚果(金)的尼拉贡戈火山等,都是著名的活火山。活火山的喷发活动,具有周期性,如爪哇岛上的梅拉皮火山,21世纪以来,平均间隔两三年就要持续喷发一个时期。活火山的喷发活动,还具有间歇性,只不过间歇时间的长短不一罢了。

③休眠火山是指有史以来曾经喷发过,但长期以来处于相对静止状态的火山。此类火山都保存有完好的火山锥形态,仍具有火山活动能力,或尚不能断定其已丧失火山活动能力。

### 5. 乌兰哈达火山群现状

火山活动的产物给人类带来巨大的经济价值,形成了许多重要的矿产资源,可

以说大多数金属和非金属矿产的形成都直接或间接与火山作用有关。火山喷发的玄武岩是有用的建筑材料，浮岩、火山渣都是优质的建筑材料，在正常生产加工过程中不产生有毒物质，无废气、废水、废渣排放，无污染，被称为是21世纪高新"绿色工业材料"。图3-30中被挖掘的火山是乌兰哈达火山群的南炼丹炉火山。该地区草原地面平缓，乌兰哈达火山群临近公路，运输方便，加快了火山被破坏的步伐。

图3-30　南炼丹炉火山

近些年，随着社会经济的发展，旅游业已成为全球经济中发展势头最强劲和规模最大的产业之一。乌兰察布市围绕把"内蒙古建成体现草原文化、独具北疆特色的旅游观光、休闲度假基地"这一发展目标，打响了"京郊草原、乌兰察布"的品牌，察哈尔右翼后旗更是以乌兰哈达国家火山地质公园为旅游核心，延伸乌兰察布市北部旅游网络，从国际、国内、自治区层面打造旅游精品线路。乌兰哈达火山群现已列为自治区级火山地质公园并正在申请国家级火山地质公园。

### 6. 北炼丹炉火山

乌兰哈达火山群有三座特色火山：北炼丹炉火山、中炼丹炉火山、南炼丹炉火山。尤其以北炼丹炉火山尤为典型。

北炼丹炉火山紧邻乌兰哈达乡，火山由锥体和熔岩流两部分组成。火山锥坐落于太古宙乌拉山岩群和华力西期花岗闪长岩之上。地理坐标为东经113°01′，北纬41°37′。锥体及火山口保存完好，形如钟状，平面上呈圆形（如图3-31所示）。

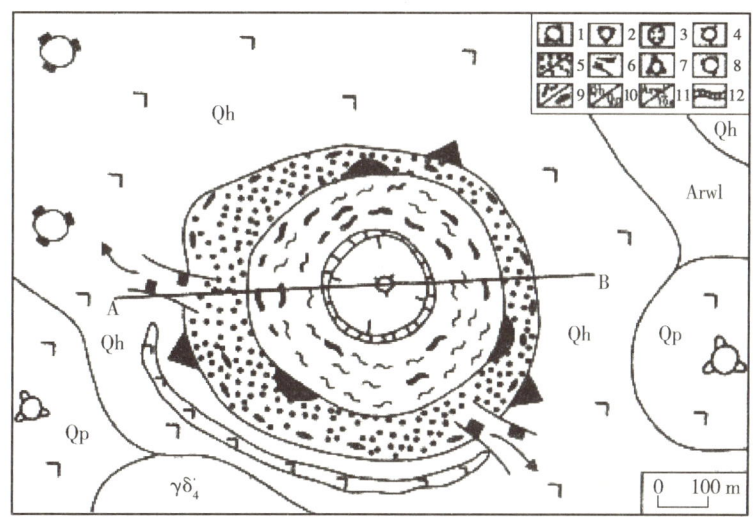

1. 全新世降落火山锥；2. 溅落火山锥；3. 火山口；4. 火口锥；5. 火山渣/玄武岩；
6. 岩浆溢出口；7. 晚更新世火山锥；8. 侵出穹丘；9. 熔岩饼/火山弹；
10. 全新世/晚更新世玄武岩；11. 乌拉山岩群/华力西期花岗闪长岩；12. 火口垣

图3-31　北炼丹炉火山锥体地质图

锥底直径东西长约700米，南北长约600米。火山口沿西北侧最高，海拔1 571米，东北垣最低，锥体相对高度约80米。火山口直径约180米，深度约30米。锥体外坡度28°~30°，东北坡相对更陡。火山口沿较窄，3~5米。火山口内发育有火口锥，直径约30米，相对高度约1.5米。穹丘上部发育具水平层理的沙土，反映火山口曾一度积水。穹丘由溅落堆积的熔结碎屑岩和碱玄岩组成，这是火山活动末期岩浆沿通道上侵，最终堵塞火山通道的产物。火山锥由降落和溅落火山碎屑物组成。

早期较强爆发形成降落渣锥，降落碎屑物为碱玄质黑色火山渣，含有少量火山弹和熔岩饼。其后由于岩浆中挥发分减少，喷发能量减弱，岩浆碎屑化程度降低，火山活动转为喷泉式喷发，火山弹、熔岩饼和塑性岩浆团块溅落在火山口沿上，形成陡峻溅落锥，降落堆积是火山锥的主体。锥体东南侧剖面为造锥喷发的上部堆积序列，如图3-32所示。

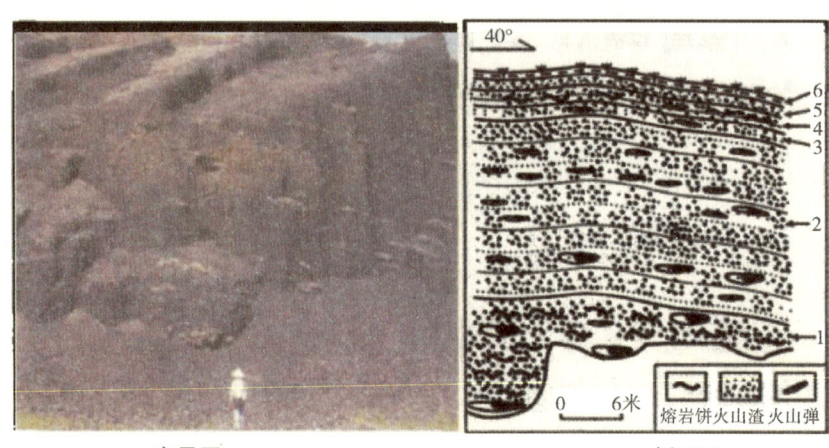

a. 实景图　　　　　　　　b. 剖面图

图3-32　乌兰哈达北炼丹炉锥体东南剖面

图示堆积序层自上而下具体为：

6为风成沙土背风处，厚约10厘米；

5为紫红色熔结集块岩，由塑变熔浆碎屑组成，厚1~5厘米；

4为黑色火山渣，平均粒径2~3厘米，含较大熔岩饼（长20~50厘米，厚1.9米）；

3为钢灰色火山渣，含火山弹，厚1.6米；

2为黑色火山渣，由黑色粗粒渐变为钢灰色中细粒火山渣，含火山弹，共包含5个韵律，厚度约18米；

1为黑色火山渣，粒径2~6厘米，无分选，含有较大火山弹和熔岩饼（长约100米），未见底，厚度大于11米。

以上虽是锥体的部分堆积层序，但也反映了造锥喷发的过程。早期爆破式火山作用的爆发过程及强度具有周期性变化，晚期为弱爆发的溅落堆积。

### 技能要素

（1）深入了解"炼丹炉火山"。

（2）明确火山类型的划分。

（3）了解火山活动对人类生产生活的利与弊。

## 课程笔记

## 运用练习

（1）炼丹炉火山调研，完成表3-17。

表3-17　炼丹炉火山调研情况表

| 参数 | 北炼丹炉火山 | 中炼丹炉火山 | 南炼丹炉火山 |
| --- | --- | --- | --- |
| 测量位置经纬度 | | | |
| 锥体直径/米 | | | |
| 火山口直径/米 | | | |
| 喷火口直径/米 | | | |
| 锥体高度/米 | | | |
| 火山口深度/米 | | | |
| 内沿坡度 | | | |
| 锥体坡度 | | | |

（2）根据以上收集的数据任选一座炼丹炉火山，画出其构造简图。

（3）根据火山的大小、形状、组成物质、喷发物的堆积方位等划分标准对调研数据进行分析，判断乌兰哈达山群属于哪一种火山类型。

（4）请绘制夏威夷式火山所在地堆积物分布图，收集证据并分析成因。

第三章　北方地区

（5）请思考如何观察玄武山岩柱并记录相关数据。自拟要素，完成表3-18。

表3-18　玄武山岩柱观察数据记录表

| 观察点 | | | |
|---|---|---|---|
| 1 | | | |
| 2 | | | |
| 3 | | | |
| 4 | | | |

（6）通过查找资料，探讨哪些因素推动了乌兰哈达火山群的经济开发？你认为火山岩矿物开发和发展地质旅游的利弊分别有哪些？请分别罗列下来，完成表3-19。

表3-19　火山岩矿物开发及火山地质旅游的利弊

| 火山岩矿物开发分析 | | 火山地质旅游 | |
|---|---|---|---|
| 利 | 弊 | 利 | 弊 |
| | | | |

（7）如何确定一座火山是否有危险性？你需要考虑的因素有哪些方面？请为乌兰哈达火山群做一次危险等级评定，完成表3-20。

表3-20　火山危险等级评定表

| 火山名称 | |
|---|---|
| 火山的类型 | |
| 熔岩的成分 | |
| 火山的爆发强度 | |
| 最近一次喷发的日期 | |

续上表

| | |
|---|---|
| 喷发的时间间隔（一定时间内喷发的次数） | |
| 火山的高度/米 | |
| 离最近人口聚集地的距离/千米 | |
| 火山附近居住人口的大致数量 | |
| 潜在的危害类型（地震、崩塌等） | |
| 该火山对人类的危险等级评定（高、中、低） | |

## 学科2·文化课程

### 课程 1　秦长城

📚 **学习资料**

长城是中国的伟大遗迹，也是世界的伟大遗迹之一。秦始皇于公元前214年遣大将蒙恬北逐匈奴，又西起临洮（今甘肃岷县）、东至辽东筑长城万余里，以防匈奴南进，史称秦长城。在固阳县城北7千米处的色尔腾山上，一条蜿蜒的巨龙盘亘静卧于崇山峻岭之间，远远望去，雄伟壮观，气势非凡，这就是世界八大奇迹之一、被列为国家级重点文物保护单位的秦长城。渭源境内的秦长城，是战国时期秦昭襄王灭义渠戎以后所筑的，是我国历史上最古老的长城地段之一。西起临洮东三十里铺的杀王坟，从东峪沟长城坡、上阳山进入渭源县境内，经地儿坡、樊家湾、文昌宫、秦王寺、石堡子、陈家洼、方家梁、城壕、高咀山、马家山、下盐滩、阳山等4个乡镇14个村盘亘37千米，从野狐湾进入陇西县境。

固阳县境内的秦长城，长达120千米，横穿固阳三个乡镇。它多半修筑在山峦的阴面半坡上，依山就险，因坡取势，就地取材。保存较为完好的秦长城是固阳县九分子乡那一段，长约12千米，城墙外侧有5米高，内侧有2米高；顶宽2.8米，底宽3.1米，墙体多以黑褐色厚石片交错叠压垒砌而成。人们还可以看得出来，筑长城的民工和驻兵是把附近的山石一块块切割下来，磨平后干砌在城上，每块石头重的有约30千克，轻的有10多千克，这样干砌起来的长城，历千年而不塌。历经2 200多年的风吹日晒、雨雪冲刷，长城石块原来所用的青色、半黄色石料，现在表面已蒙上了一层黑色、棕黑色的氧化物。

第三章　北方地区

 技能要素

（1）了解秦长城所处的空间位置。

（2）观察并按一定比例画出秦长城的主要构成要素及其所处位置，了解每种要素的功能。

（3）触摸并分辨出秦长城建筑材料。

 课程笔记

 运用练习

（1）部分古长城会全部坍塌，试分析其原因。

（2）按照一定比例画出秦长城俯视的结构图，并用数据表示其相对位置。

## 课程 2  五当召

### 📚 学习资料

#### 1. 五当召简述

五当召，蒙古语称巴达格尔召，柳树之意；位于内蒙古自治区包头市以北54千米的阴山山脉吉忽伦图山的五当沟。五当召始建于清康熙年间（1662—1722）。乾隆十四年（1749）曾大规模扩建，乾隆二十一年（1756）由乾隆皇帝赐名满、汉、蒙、藏四体文字的"广觉寺"匾额。建寺以来它一直是蒙古族佛教徒朝拜的佛教圣地。

现存六大经堂，即苏古沁殿、洞科尔殿、却伊日殿（显教经堂）、当圪希德殿、阿会殿（密宗经堂）、日木伦殿（菩提道学经堂），其中苏古沁殿为全寺集会诵经之所。这些殿宇规模宏大，均为典型的藏式建筑群。殿内塑像、壁画、唐卡（卷轴佛画）俱全，各殿各有特色，或立高达10米的释迦牟尼铜像，或供高达9米的黄教始祖宗喀巴铜像，或护法金刚像，或供奉白度母和绿度母塑像等。三座活佛府邸在阿会殿的南面，其中洞科尔活佛府规模宏大，为第二世活佛热西尼玛于乾隆四十九年（1784）所建。左右是接待多伦诺尔汇宗寺甘珠尔瓦呼图克图和章嘉国师而建造的两座府邸。

五当召建筑物外墙洁白方整，开有深暗的柱廊和窗洞，屋顶为平板式四方形。主要建筑坐落山谷内一处凸出的山坡上，包括苏古沁独宫、洞阔尔独宫、当圪希独宫、却衣林独宫、阿会独宫、日木伦独宫、甘珠尔府、章嘉府、苏波尔盖陵等，两侧还有一座座喇嘛居住的房舍。鼎盛时期庙内喇嘛有千余人。

#### 2. 五当召灵魂

五当召灵魂乃是藏传佛教格鲁派（黄教），倡导僧人应严守戒律，有严密的管理制度。

#### 3. 五当召主要建筑

（1）第一殿：苏古沁殿。苏古沁殿是五当召内最大的建筑物，位于寺院最前部，高三层，占地面积1 500平方米，一楼前大厅是经堂，有上部雕刻和彩绘着各式花纹图案的80根方柱，外裹云龙图案的栽绒地毯。地上排列着数十排坐榻，上铺藏式地毯。四壁满绘释迦牟尼佛传故事和各种护法神像。顶部挂着各色幡幔，殿内庄严肃穆、富丽堂皇。全殿可容纳千余喇嘛在这里诵经。凡属全召性的集会都在此举行。每天的早经——满迦经，各殿喇嘛都来此诵读，经堂内正面的座椅是活佛出经的席位，左右是高层喇嘛的座位。下边地毯木榻是喇嘛诵经的座席。后厅为藏经阁，供奉着各种佛像、唐卡、曼陀罗坛城，二楼回廊处绘有"九大佛寺建筑"鸟瞰壁画，极为珍贵。

（2）第二殿：却依拉殿。却依拉殿位于苏古沁殿西侧，始建于道光十五年

（1835），此殿为专门研究佛教哲学学部，是本召僧人最多的学部。殿内供奉着五当召最大的铜制弥勒佛，高达 10 米，为黄铜分铸焊接制成。弥勒头戴五叶宝冠，装饰华丽，端坐于须弥宝座上，手作说法印。木雕、彩绘的背光雕刻着卷草、火焰纹饰，颇为精美。形象端庄严肃，造型敦厚慈祥，弥勒佛是藏传佛教未来佛，藏语称"强巴"、蒙古语称"麦达里"。前边供奉着八大药王佛、宗喀巴等铜像。

（3）第三殿：洞阔尔殿。洞阔尔殿是五当召最早的殿堂，建于乾隆十四年（1749），前经堂后佛殿高三层。黄色的外墙标志着其显贵地位。高居于全寺之中，其他建筑均以此殿为中心，乾隆皇帝于 1756 年赐名"广觉寺"，用满、汉、蒙、藏四种文字雕刻的牌匾悬挂在殿门正中门楣上。这里是学习佛教时轮数学部，讲授天文、历法、数学、占卜、推算藏历日期。殿内前后厅绘满壁画、装饰考究，殿前广场系讲经、辩经的场所，即学术升级的考场。

（4）第四殿：当圪希德殿。当圪希德殿建于乾隆十五年（1750），俗称"训服殿"，是五当召的护法神殿，也称金刚殿。是座两层殿堂，紧靠洞阔尔殿建造。据说此殿是鄂尔多斯部准格尔台吉之妻资助建造的。殿内供奉着大威德金刚、怖畏金刚、胜乐金刚、吉祥天母等九尊彩塑护法神，面目狰狞可畏，多头多臂，手拿各种法器，颈挂人头项链，脚踩妖魔，威武彪悍，看后令人毛骨悚然。

（5）第五殿：喇弥仁殿。喇弥仁殿（菩提道学经堂），又称日木伦殿。建于光绪十八年（1892），位于护法殿后边西北高耸的山坡上，为教义戒律学部，这个学部在内蒙古地区藏传佛教寺院中只有五当召设立，是召庙建筑群中建造年代最晚的建筑物。殿内正中供奉铜铸高 9 米的黄教创始人宗喀巴坐像。左右两侧塑其两大弟子嘉曹杰和克珠杰塑像。两侧木龛内有 1 000 尊一模而成的宗喀巴塑像。二楼凸起的天窗既可容纳高大的塑像，又可采纳光线，显示了独具匠心的藏传佛教寺庙建筑特点。

（6）第六殿：金科（曼陀罗）殿。原名努尼殿，是供僧人静坐休持的殿，用于喇嘛们以逐渐减少饮食，静坐默诵，力图不食不语的修行方式去解脱超度众生灵。后来毁于"文化大革命"时期。2003 年国家拨款在遗址上恢复并扩建此殿，2005 年 9 月开始对外开放，全殿上下两层，一楼为佛堂，供有千手千眼观音像、六世班禅大师、宗喀巴大师像，正中供奉的三世佛为铜铸镀金佛像。墙上所绘壁画是藏传佛教九大佛寺壁画。此殿二楼是文物博物馆，展出本召所保存的部分珍贵文物，有唐卡、清代景德镇瓷器、活佛的生活用品、法器、内蒙古仅存的两座鎏金曼陀罗坛城，具有很高的历史文物价值。

（7）第七殿：苏卜盖陵。苏卜盖陵是五当召一世活佛建庙之前的住宅，"苏卜盖"即蒙语"塔"之意，是一个小佛堂，内部供奉有历世活佛灵塔，即舍利塔。因一世活佛创建了本召，去世后僧众为了纪念他就将他的舍利塔存放在此处。此后，本召七世活佛灵塔均在这里珍藏。灵塔雕刻精美镶有珍宝玉器，外部鎏金。

（8）第八殿：阿会殿。阿会殿是一座学习医学和密宗学部的经殿，建于嘉庆五年（1800）。据说是乌拉特东公旗协理热西鹏苏格出资建造的。东南靠活佛府，殿底层正中斑斓的山洞供奉释迦牟尼和他的两个弟子，其两侧是十八罗汉和四大天王，塑像神情各异，气宇非凡，泥塑山洞险峻逼真。门两侧绘有护法神像。二楼主要供奉本学部主供佛胜乐金刚、药王佛。

## 技能要素

（1）观察并客观描述或画出五当召建筑样式（包括屋顶样式、大门、材质、颜色、坐向、基本结构）。

（2）写下你参观五当召的时间及气温，观察并描述寺庙内僧人衣着、发饰等颜色、样式特征。

（3）能列出与五当召有关的两个历史人物，了解五当召起源与其在不同历史阶段的状态，并尝试理解同一个寺庙在不同时期遭遇不同命运的社会原因。

## 课程笔记

## 运用练习

（1）观察并画下或描绘你所观察到的五当召里的僧人形象特点与五当召建筑特点，完成表3-21。

表3-21　五当召僧人形象及建筑特点情况表

| 元素 | 特点（样式、颜色） | 图画 |
| --- | --- | --- |
| 僧人衣着 | | |
| 僧人发饰 | | |
| 房顶 | | |
| 大门 | | |
| 建筑布局 | | |
| 壁画特征 | | |
| 其他 | | |

（2）五当召在不同时期分别担当什么社会功能或角色？请尝试解释为何在不同历史阶段，五当召遭遇到不同命运？

（3）秦修长城与清朝建五当召都是为了处理边疆关系巩固自身统治。这两种方式有什么不同？

## 学科3·综合考察课程

### 课程 1 人类活动对自然环境的影响（1）

📚 学习资料

乌梁素海，蒙古语意为杨树林，位于内蒙古巴彦淖尔乌拉特前旗，是黄河改道形成的河迹湖，也是全球荒漠半荒漠地区极为少见的大型草原湖泊。它是中国八大淡水湖之一，总面积300平方千米，素有"塞外明珠"之美誉；它是全球范围内干旱草原及荒漠地区极为少见的大型多功能湖泊，也是地球同一纬度最大的湿地。

乌梁素海形似一瓣桔，被芦苇和香蒲分割成大小不一的几个水域；南北长35~40千米，东西宽5~10千米，面积约293平方千米，湖面高程1 018.5米，最大水深约4米，大片水域水深在0.5~1.5米之间；近年来由于大量营养物质入湖，致使乌梁素海水上植物不断扩大面积，水下形成大片草原，已明显地变为草型湖，使这个很年轻的湖泊已呈老化趋势；湖底上部为沉积的淤泥，厚度0.2~0.5米，岩性属淤泥质砂壤土，黑灰色有臭味，颗粒组成以粉细粒为主，下部为浅黄色原土质。主要补给水源是灌溉退水、雨水、山洪和地下水。

2002年，乌梁素海被国际湿地公约组织正式列入国际重要湿地名录，现在是内蒙古重要的芦苇产地。乌梁素海的形成与黄河主流改道有关，最早的黄河沿狼山南侧的乌加河作主流东流，后因地壳隆起，黄河受阻急转南流，冲出一个较大的洼地，这就是乌梁素海的前身。此后，由于风沙东侵和狼山南侧的洪积扇不断扩展，致使河床抬高，乌加河被泥沙阻断，河水溢流到洼地形成了乌梁素海，而黄河主流被迫改由南侧东流。

现代乌梁素海主要靠乌加河和长济渠、民复渠等灌溉的尾水补给。最大水深约4米，蓄水量2.5亿~3亿立方米。水的矿化度呈上升趋势，20世纪70年代初为4克/升，而70年代后期，矿化度则上升到6克/升。湖中饵料充足，鱼类资源丰富，除盛产鲤鱼外，还有鲫鱼、草鱼、鲢鱼等20多个鱼种。芦苇、蒲草资源亦很丰富。

## 技能要素

了解乌梁素海自然保护区的重要意义。

## 课程笔记

## 运用练习

（1）画出乌梁素海自然保护区范围示意图。

（2）简述设立乌梁素海自然保护区的意义。

## 课程 2 人类活动对自然环境的影响（2）

### 学习资料

**1. 河迹湖**

河迹湖是指与河流有关的湖泊。成因多样，一般面积不大，湖水较浅，与原河道都有一定联系，如河源湖、连河湖、河口湖、牛轭湖、河漫滩湖等。

## 2. 牛轭湖

由于河流的变迁或改道，曲形河道自行截弯取直后留下的旧河道形成的湖泊，称为牛轭湖。这类湖泊多呈弯月形，水深较浅。

技能要素

（1）了解更多湖泊类型。
（2）明确人类活动对环境的保护意义。

课程笔记

运用练习

（1）分析乌梁素海不同水域（任选两处作为地点1与地点2）的特征和植物的关系，请根据要求自行设计表格中需要测量的数据要素，并记录相关数据，完成表3-22。（提示：水温、含氧度……）

表3-22 乌梁素海不同水域特征和植物关系表

| 地点 | | | | | |
|---|---|---|---|---|---|
| 地点1 | | | | | |
| 地点2 | | | | | |

说明问题：
地点1：_____
地点2：_____

（2）根据盐碱地和滩涂植物调研情况，完成表3-23。

表3-23　盐碱地和滩涂植物调研情况表

| 地点 | 景观描述 | 植被种类及数量 | 植被特征 | 土壤颜色 | 土壤湿润度 | 土壤pH值 |
|---|---|---|---|---|---|---|
| A | | | | | | |
| B | | | | | | |
| C | | | | | | |

（3）在西沙小镇沙地内部选取盐碱土区域，绘制区域内土地利用图，说说这里的盐碱土区域利用情况如何，并将第（2）题的A/B/C三点填画在图上。

（4）观察西沙小镇内的植被，任选一地，填写表3-24。

表3-24　西沙小镇内植被生长情况

| 地点 | 植株高度/厘米 | 树干粗细/厘米 | 叶<br>（阔叶；硬叶） | 土壤<br>（沙质；泥质） | 土壤厚度/厘米 |
|---|---|---|---|---|---|
| | | | | | |

## 课程 3　库布齐沙漠

库布齐沙漠是中国第七大沙漠，同"库布其"，为蒙古语，意思是弓上的弦，因为它处在黄河下像一根挂在黄河上的弦，因此得名。古称"库结沙""破讷沙"，亦

作"普纳沙"。库布齐沙漠是距北京最近的沙漠。位于鄂尔多斯高原脊线的北部，内蒙古自治区鄂尔多斯市杭锦旗、达拉特旗和准格尔旗的部分区域。总面积约145万公顷，流动沙丘约占61%，长400千米，宽50千米，沙丘高10~60米，像一条黄龙横卧在鄂尔多斯高原北部，横跨内蒙古三旗。形态以沙丘链和格状沙丘为主。

库布齐沙漠属于中国东端沙漠，呈狭长带状分布。古时人称此沙漠是横卧于黄河边上的一条黄龙。20世纪60年代初期，库布齐沙漠与毛乌素沙漠相距75千米。如今，在其中部两大沙漠握手相连，形成引人注目的"握手沙"。固定、半固定沙丘多分布于沙漠边缘，并以南部为主，西部则以流动性沙丘为主（详见图3-33）。

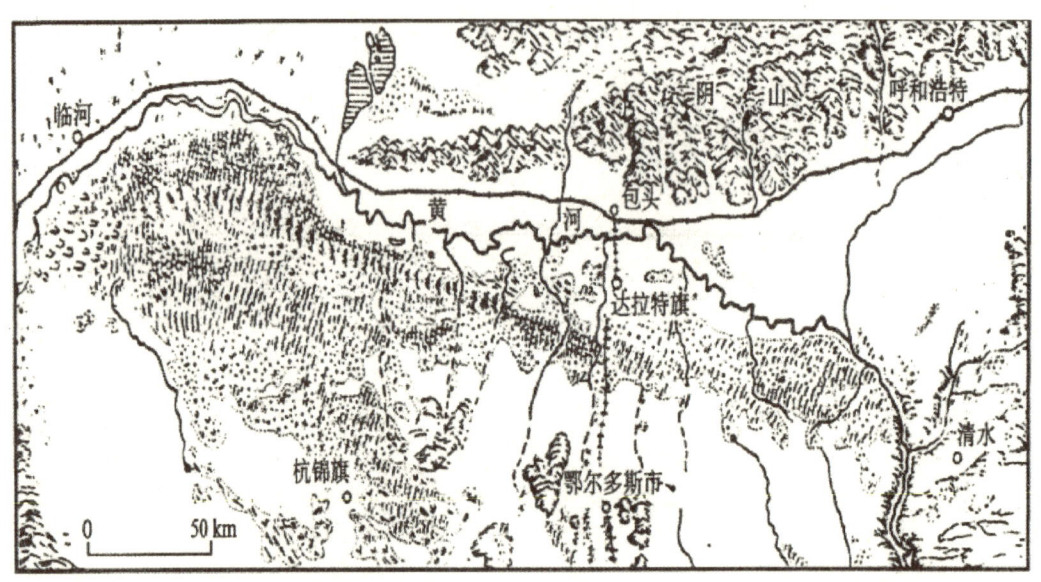

图3-33 库布齐沙漠及沙地分布图

（1）地质特征。库布齐沙漠在构造单元上属鄂尔多斯台地向斜，故称台陷。鄂尔多斯的地质构造是地球上最原始的古地之一，在亿万年的地质历史时期中，经历了多次重大而复杂的构造运动和海陆变迁。在太古代和元古代，该地区相继经历了阜平、五台、吕梁三次巨大的地质运动，为台地的形成奠定了基础。震旦纪晚期鄂尔多斯大陆逐渐下陷，随着古生代中期海洋面积不断扩大，古陆变成了古海。到早寒武纪至中奥陶纪，海水自南向北，又淹没了鄂尔多斯等地。寒武纪、奥陶纪地层总厚度达数百至千余米。中奥陶纪经志留纪由于加里东运动，陆地上升，未受海水侵入，所以缺乏这个时期的地层。从石炭纪中期至二叠纪晚期的海西运动，陆地下降，海水第三次侵入鄂尔多斯。从中生代的225万~700万年之间，鄂尔多斯由海洋时代变成了盆地。进入新生代，由于喜马拉雅运动，鄂尔多斯于第三纪中新世、上新世逐渐升高隆起，直到第四纪仍继续上升。在第四纪晚期局部下沉产生了黄土堆积和风成沙物质。

（2）地貌特征。库布齐沙漠沿黄河南岸分布，地势平坦，多为河漫滩地和黄河阶地。中部为覆盖在河成阶地上的风成沙丘，北为河漫滩地，南部硬梁地根据切割程度的不同，可分为微波状起伏高原、微切割缓起伏高原和强烈切割破碎高原。库布齐沙漠的沙丘几乎全部是覆盖在第四纪河流堆积物上。由于下伏堆积物厚度、组成物质、胶结程度以及水分条件的不同，所形成的沙丘高低和沙地厚度也不相同。河漫滩上分布新月形沙丘和沙丘链，高度较小，一般在3米以下，一级阶地沙丘较高，达5~10米不等；一级阶地向二级阶地过渡的斜坡沙丘高大，一般为10~20米，高者可达25米。二级阶地与三级阶地过渡区沙丘特高，有复合型沙丘群，高达50~60米，三级阶地上多缓起伏固定沙地，流沙较少，呈小片局部分布。

库布齐沙漠自然特征具有显著的东西向的区域差异。与同处鄂尔多斯高原上毛乌素沙地虽然相距不远，但存在显著的不同，主要表现为以下三点：

①沙漠相对比较完整。库布齐沙漠不像毛乌素沙地那样被不少河谷、湖盆和滩地等所分割。除了沙漠东部有几条发源于高原上的季节性河流自南向北穿过沙漠，使沙漠显得较为零散外，沙漠的西部没有河流切割，比较完整。

②流动沙丘占绝对优势。流动沙丘占整个沙漠面积的80%，其形态以新月形沙丘链、复合型链状沙丘和格状沙丘链为主，一般高度为10~15米，少数沙丘可达50米。沙漠北部的黄河河谷平原上，分布有一些零星低矮（3米以下）的新月形沙丘和沙丘链，前移速度较快。固定、半固定沙丘仅分布在沙漠边缘，尤以南部边缘最多，生长有籽蒿、梓条、沙米和沙竹等植被，沙丘高度不大，多在5米以下，此外，还分布有高度3米以下的白刺沙堆。由于库布齐沙漠以流沙为主，并且由西北往东南方向移动，因此给穿越沙漠南北走向的公路带来风沙危害。

③沙漠人口稀疏，仅有少数牧民的放牧点。在土地利用上大部分仅限于沙漠边缘。

（3）气候特征。库布齐沙漠处于干旱区和半干旱区的过渡地带，东部水分条件较好，西部相对较差，年降水量150~400毫米，年蒸发量2 100~2 700毫米，干燥度1.5~4.0，该区年日照时数为3 000~3 200小时，年平均气温6~7.5℃，温差大，大于10℃积温为3 000~3 200℃，无霜期135~160天。

（4）水文水资源状况。库布齐沙漠地下水主要受大气降水及黄河水的补给，范围内水资源总量为4.51亿立方米。

库布齐沙漠东、北、西三面紧临黄河，黄河过境年径流量多年平均为247.5亿~310亿立方米，十大孔兑（指黄河内蒙古段由南向北汇流的10条相邻的一级支流）年均径流总量1.55亿立方米，降水东多西少，东部半干旱区200~400毫米，西部100~250毫米。库布齐沙漠南部丘陵区域和中部沙漠区域地表水少，地下水埋藏深度大，中部沙漠区域尤其如此，而北部平原区域则地表水多，地下水埋藏深度浅。

## 技能要素

（1）了解沙地自然环境整体性。
（2）了解人类活动对沙漠扩张的影响。

📖 课程笔记

📖 运用练习

请根据自然条件和人类活动影响两大方面，探讨沙漠的演化过程。

## 课程 4　灌区河道

📚 学习资料

### 1. 河套平原

河套平原位于内蒙古自治区西部，北至阴山，西靠乌兰布和沙漠，南临黄河，东依乌梁素海，中部为广阔的冲积湖积平原，地理坐标东经 106°01′~109°30′，北纬 40°10′~41°20′。全区呈一弧形，东西长 600 千米，南北宽 30~90 千米，海拔 900~1 200 米。地势西南高，东北低。

黄河在此先沿着贺兰山向北流，因阴山阻挡而再向东，后沿着吕梁山向南，形成"几"字马蹄形的大弯曲，称为河套。平原为黄河及其支流冲积而成。东西沿黄河延展，长500千米，南北宽20~90千米。面积约2.5万平方千米。河套平原地势由西向东微倾，西北部第四纪沉积层厚达千米以上。山前为洪积平原，面积占平原总面积的1/4，贺兰山以东的称银川平原，狼山以南的称后套平原，大青山以南的称前套平原。

河套平原地区按地层、岩浆岩、构造和演化特征可以划分为三个次级构造单元：北部为阴山断块，由大青山、乌拉山、狼山—色尔腾山组成，海拔高程1 500~2 300米；中间为河套断陷盆地，平原海拔高程1 000米以下；南部为鄂尔多斯地块，海拔高程1 200~1 600米。分界线分别为阴山山前断裂和鄂尔多斯北缘断裂（见图3-34）。

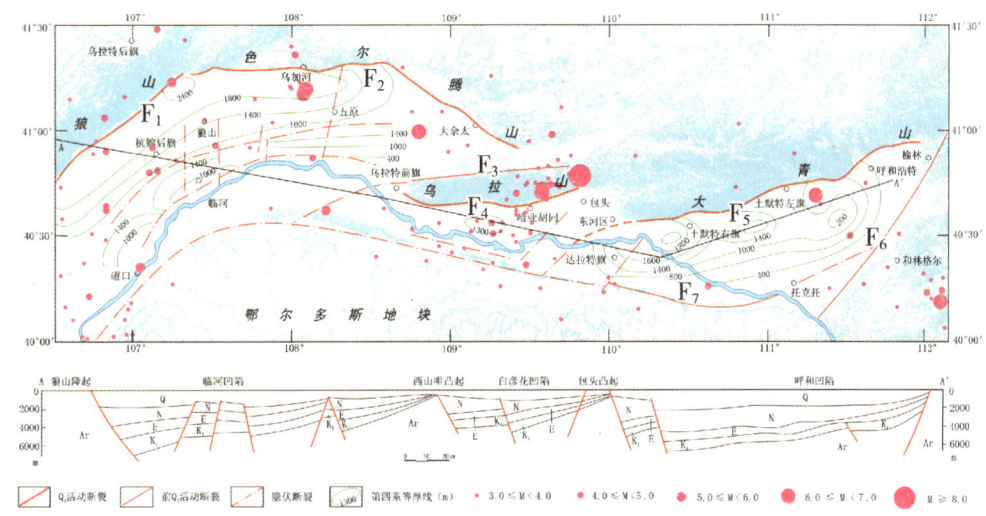

$F_1$狼山山前断裂；$F_2$色尔腾山山前断裂；$F_3$乌拉山北缘断裂；
$F_4$大青山山前断裂；$F_5$和林格尔断裂；$F_6$鄂尔多斯北缘断裂

图3-34 河套盆地活动构造与地震震中分布图

（1）鄂尔多斯地块属于中朝克拉通，早太古代—早元古代是结晶基底形成时期；中晚元古代—古生代时在结晶基底上开始接受盖层沉积，缺乏晚奥陶世—早石炭世的沉积；中生代时期逐渐沉降成为一个大型凹陷盆地，主要接受内陆河湖相沉积，发育三叠系、侏罗系和晚白垩统。中生代末期，鄂尔多斯块体结束了大型内陆凹陷的历史；从上新世开始有河湖相沉积，其中第四系主要为风成黄土堆积，但上更新统萨拉乌苏组为河湖相沉积，分布在无定河中上游，最大厚度达100余米，是华北地区的标准地层。其中，大致从白垩纪开始在鄂尔多斯块体的周缘形成断陷盆地带，且各个盆地带的形成和构造演化历史存在较大的差异。

（2）盆地北部的阴山隆起出露结晶基底岩系，由南向北依次为上集宁群、乌拉山群、二道凹群、色尔腾群，总厚度近万米。盖层沉积特征与中朝克拉通类似，缺乏晚奥陶世—早石炭世的沉积。中生代沉积仅限于断陷盆地，中、下侏罗统为含煤建造，上侏罗统为磨拉石建造、火山岩建造；白垩系仅见下统，为红色碎屑岩系和含煤、油页岩建造。本区华力西期、印支期及燕山期花岗岩广泛分布，喜马拉雅期有大面积玄武岩浆的喷溢。阴山隆起自印支—中燕山期经历了较强烈的推覆挤压之后，一直处于伸展隆升状态。

（3）地下水径流主要受构造、地形控制，在灌区上游，地下水水力坡度为1/3 000~1/4 000，向下游水力坡度变缓，平均为1/5 000。在北部扇群地带，地下水的流动方向由北向南。在灌区内，区域地下水流向则由西南向北东折向东，北部扇群前缘洼地和乌梁素海为区域浅层水的最终排泄带（见图3-35）。

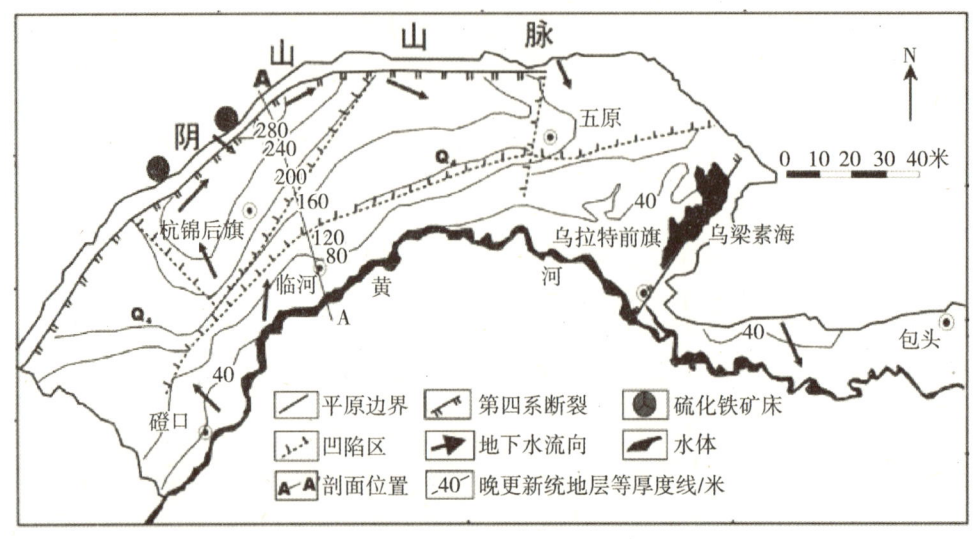

图3-35 河套平原水文地质简图

在地质构造上河套平原属于华北地台鄂尔多斯台向斜的一部分，为一形成于侏罗纪晚期的中新生代断陷盆地。盆地地表几乎全部为全新统沉积物覆盖，形成广阔的黄河冲积平原。第四纪以来，更新世中、早期湖水波及范围较大，以淡水湖积层为主，厚层淤泥砂质土与粉细砂互层；中更新世形成了一套富含有机质及灰岩质的具细微薄层理的以黏土为主的沉积层。中更新世以后，湖水范围渐小，还原环境弱。上更新世晚期至全新世，由于黄河的形成，湖水逐渐萎缩，形成一些残留湖泊和牛轭湖，以黄河冲积层和冲积湖层为主。

河套平原气候以干旱—半干旱为主，年平均气温5.6~7.8℃，年降水量为188毫米，年蒸发量最大达到2 500毫米。该区浅层地下水的埋深在3~20米，主要接受大气降水的入渗补给，同时还辅以山前裂隙水侧向补给、天然湖泊的少量补给和农田灌溉水的入渗补给。排泄方式为蒸发排泄和人为抽取。由于气候干旱，蒸发强烈，而地下水运动滞缓，地下水埋深较浅，故土壤盐渍化严重。

## 2. 河套文化

河套文化是黄河文化和草原文化的重要组成部分，是中国北方文化中的瑰宝，是人类发展史上农耕文明与游牧文明聚集交融的典型代表，具有草原文化与农耕文化碰撞交融的独特的文化特征和强烈的文化包容性。河套文化的形成过程，对于中国的北方军事史、乌拉特草原文化史、游牧定居与垦殖发展史具有巨大作用。探寻和研讨河套文化，传承和弘扬河套文化，打造和传播河套文化，对于丰富黄河文化和草原文化的内涵和外延，提高地区经济文化的竞争力、影响力、辐射力，提高地方的知名度和吸引力、凝聚力，促进地区经济社会的全面协调发展具有重要的现实意义和深远的历史意义。

## 3. 河套灌区

河套平原是亚洲最大的一首制自流灌区，灌溉条件优越，灌、排工程体系完善。全年日照时数长达 3 100~3 300 小时，光热资源丰富，是中国日照时数最多的地区之一。河套平原农田设施完善，土地肥沃，灌、排便利，种植业发达，经营水平高。物产丰富，主产小麦、玉米、向日葵、河套蜜瓜等。

河套平原北依阴山山脉的狼山、乌拉山南麓洪积扇，南临黄河，东至包头市郊，西接乌兰布和沙漠。1949 年有引黄干渠 10 条，灌溉面积约 19.43 万公顷。1961 年后自黄河三盛公枢纽引水，分为保尔套勒盖、后套、三湖河 3 个灌域。作物有小麦、杂粮和向日葵等。灌区土地 1.16 万平方千米。设计灌溉面积 73.7 万公顷。1987 年实灌面积 48.37 万公顷。河套灌区位于黄河上中游内蒙古段北岸的冲积平原，引黄控制面积 116.2 万公顷，是亚洲最大的一首制灌区和全国三个特大型灌区之一，也是国家和自治区重要的商品粮、油生产基地。1988 年，河套灌区配套工程计划开始实施，配套面积达 21.11 万公顷。有灌渠 991 千米，排水沟渠 791 千米。河套灌区地处我国干旱的西北高原，降雨量少、蒸发量大，属于没有引水灌溉便没有农业的地区，灌区年引黄河水量约 50 亿立方米，占黄河过境水量的 1/7。

河套灌区远在秦汉时代即开始挖渠，唐贞观年间，在河套修建了大型渠道，有的渠可灌 600 公顷以上。清中叶后，开渠种植日盛，清末已建成八大干渠。中华民国时代，将灌区向东延伸至乌拉山前的三湖河地区。由于过去建设缺乏全盘规划，渠系紊乱，旱年水不进渠，汛期泛滥成灾。20 世纪 50 年代以来，修建了三盛公水利枢纽，健全排灌系统，又修筑了黄河防洪大堤，同时开展农田基本建设，营造防护林，扩大灌溉面积，形成草原化荒漠中的绿洲。

 技能要素

（1）了解河套平原上的灌区。
（2）了解河套文化。

 课程笔记

## 运用练习

（1）请按照给出的方向标，绘制考察过程中你看见的某条河。

比例尺：1∶100 000

（2）实地调研河套平原，选取三条河流作为三个测量点进行调查，完成表3-25。

表3-25　河套平原河流调研情况表

| 测量点 | 经纬度位置 | 水温 /℃ | 透明度 | pH 值 |
| --- | --- | --- | --- | --- |
| 测量点1 | | | | |
| 测量点2 | | | | |
| 测量点3 | | | | |

## 学科4·经济课程

### 课程1　观光农业模式调研

**1. 观光农业**

观光农业是指广泛利用城市郊区的空间、农业的自然资源和乡村民俗风情及乡村文化等条件，通过合理规划、设计、施工，建立具有农业生产、生态、生活

于一体的农业区域。

观光农业伴随全球农业的产业化发展,人们发现,现代农业不仅具有生产性功能,还具有改善生态环境质量的生态功能,以及为人们提供观光、休闲、度假的生活性功能。

2. 蒙草生态

内蒙古蒙草生态环境股份有限公司(以下简称蒙草生态)坚持用一方的乡土植物修复一方的生态环境,驯化乡土植物修复生态,是以"草"为业的科技型生态企业。20余年来,以"小草扎根"的力量,立足"草、草原、草科技"构建产业生态圈,主营业务有种业科技、生态修复等。蒙草生态秉承"尊重生态、师法自然"的理念,先科研、后修复,在不同地区先后设立13个专项研究院及相应的种质资源库,涵盖抗旱植物、耐寒植物、草原生态、盐碱地改良、矿山修复、土壤修复、荒漠生态、藏域生态、京津冀乡土植物、中东沙漠生态等。掌握了野生植物驯化育种技术,节水园林绿化技术,生态修复集成技术,总结并形成"退化草地修复""草原区露天煤矿排土场植被恢复""荒废土地恢复草原植被""绿地节水""草原生态牧场管理"五大技术的行业或国家标准。收集北方干旱半干旱地区草原种质资源2 000余种、3 000余份,植物标本2 800余种、20 000余份,土壤样本近40万余份。打造集"种质资源研究、繁育、生产及销售"为一体的全产业链,可提供不同区域生态修复用种、乡土植物种子及种苗、运动及景观草坪、牧草草种及科技服务输出。

经过科研和实践的积累,结合应用遥感、地理信息系统、物联网、云计算等,蒙草生态建立了"草原生态产业大数据平台"。应用大数据平台可查询任意经纬度地理坐标点近20年的"水、土、气、人、草、畜"等生态数据指标及变化,也可搜索任何一种植物适宜生长的地区,为生态修复提供数据支持和智慧型解决方案。

依托乡土植物科研体系、种质资源储备、种业生产体系、大数据平台和生态修复标准,蒙草生态的生态修复实现科学化细分,有草原修复、矿山/荒山/边坡修复、荒漠及沙地治理、盐碱地改良及土壤修复、垃圾场/废弃地修复、节水园林与海绵城市、运动草坪建植等不同类型,已在全国10多个省份开展业务。

以内蒙古为样板,蒙草生态将"生态理念+技术智慧+资源储备+管理标准+生态产品"的生态修复模式复制成"疆草""藏草""滇草""秦草"等事业群,在新加坡、蒙古、俄罗斯、阿联酋等国家和地区建立起生态修复科研及草种业合作关系,积极推进生态修复业务,以驯化乡土植物修复生态的理念和智慧,服务于"一带一路"沿线国家。

### 技能要素

(1)了解观光农业的功能。
(2)通过蒙草生态了解干旱、半干旱气候区的生态修复方法。

📝 课程笔记

📝 运用练习

（1）请填画出西沙小镇的土地利用方式，并尝试说说其区位因素。

图例

（2）结合蒙草生态的主要业务，谈谈当今哪些技术可以应用到生态修复中。

## 课程 2　伊利和蒙牛是怎样炼成的？

### 📚 学习资料

#### 1. 伊利

内蒙古伊利实业集团股份有限公司（以下简称伊利）一直为消费者提供健康、营养的乳制品，是目前中国规模最大、产品线最全的乳制品企业，也是国内唯一一家同时符合奥运及世博标准、先后为奥运会及世博会提供乳制品的企业。截至目前，伊利集团落子新西兰、结盟意大利乳业巨头斯嘉达、在荷兰成立中国乳业目前为止规格最高的海外研发中心——欧洲研发中心，并且和美国相关企业和科研院所在多个领域进行广泛合作。

2015年9月，在中美领导人的推动和中美农业合作的大氛围下，中美食品智慧谷应运而生，且由伊利集团主导实施。伊利集聚整合了众多全美顶尖的常青藤联盟名校、全球综合排名前十的大学及在农业、管理、生命科学等各个领域全球排名第一的高校、科研院所和机构，形成中美乃至全球在农业食品方面"集聚院校机构最多实力最强、涉及领域最广最前沿、模式最独创机制最灵活、影响最深远受益面最大"的高端、超前智慧集群，共同为中美创新合作形成新引擎、注入新动能、树立新典范，从而更好地推动两国企业互惠发展、真正造福两国人民。

#### 2. 蒙牛

内蒙古蒙牛乳业（集团）股份有限公司（以下简称蒙牛）始建于1999年8月，总部设在内蒙古和林格尔县盛乐经济园区，蒙牛是中国领先乳制品供应商，专注于研发生产适合国人的乳制品，连续7年位列世界乳业20强。蒙牛乳业成立以来，已形成了拥有液态奶、冰淇淋、奶粉奶酪等产品矩阵系列，拥有特仑苏、纯甄、优益C、未来星、冠益乳、酸酸乳等拳头产品，为消费者的点滴幸福不断创新。

2015年，蒙牛产能达868万吨，营业收入超490亿元。截至2017年12月，蒙牛在全国建立了38个生产基地。

近年来，蒙牛着力整合全球优势资源，先后与丹麦Arla、法国Danone、美国White Wave、新西兰AsureQuality达成战略合作，快速实现了与国际乳业先进管理水平接轨，并形成了集奶源建设、研发生产及销售为一体的大型乳制品全产业链。规模化、集约化奶源比例达100%。

### 🏆 技能要素

（1）明确乳畜业发展的重要区位因素是市场和奶源。

（2）了解农业地域形成的条件是区位因素、生产方式、生产方向和生产特点等。

📖 课程笔记

📖 运用练习

（1）实地调研伊利公司，绘制该公司的生产工艺流程图。

（2）在伊利饭堂就餐时，和一位伊利员工了解一下，他们眼中的伊利公司是怎样的。

（3）对比伊利和蒙牛两大奶制品公司各要素，假设你代表投资公司对其提出投资建议，完成表3-26。

表3-26 伊利、蒙牛各要素对比情况

| 项目 | 伊利 | 蒙牛 |
| --- | --- | --- |
| 原材料来源地 | | |
| 原奶采集时间 | | |
| 制作工艺 | | |
| 品牌含义 | | |
| 产品质量 | | |
| 品质保证 | | |
| 销售对象 | | |
| 价格 | | |
| 你的结论 | | |

（4）回顾一下你在家里喝的牛奶品牌，看看它们的真正产地在哪里并分析其区位条件。

## 课程 3 文俗商业网点的调研

### 学习资料

呼和浩特市蒙亮民贸有限公司（以下简称蒙亮）是内蒙古自治区最大的一家专业生产、经销各种民族刀具、羊绒衫、羊绒被、驼绒制品、手绘披肩、牛角工艺品及固体奶食品和牛羊肉干的生产企业，公司成立于1989年，占地面积2万多平方米，下设蒙古族刀具、羊绒制品、民族服饰、牛角制品、皮制品、牛羊肉干、奶食品七个生产车间和三个产品展示大厅，展厅占地面积4 000多平方米，车间总占地面积1万多平方米。蒙亮商贸区展厅的展示产品包括民族刀具、挂剑、皮制品、工艺品、牛角制品、民族服饰、真皮毛动物、标本、羊绒制品、牛羊肉干、奶食品、奶酒等内蒙古特色产品几十大类1万多个品种。

### 技能要素

（1）合理支配金钱，结合生活学会最大程度合理进行资源配置。
（2）明白旅游业中，土特产产品的销售方式是产地特色加绿色环保概念。

### 课程笔记

📖 运用练习

(1) 请绘制蒙亮商贸城土地利用方式图。

(2) 在蒙亮找五种快速消费品,并找出它们在其他超市的价格,说出蒙亮的区位条件是什么(即分析蒙亮能赚钱的理由),完成表 3-27。

表 3-27 蒙亮价格与其他超市价格对比情况

| 五种快速消费品 | 蒙亮价格 | 其他超市价格 | 区位因素分析 |
| --- | --- | --- | --- |
|  |  |  |  |
|  |  |  |  |
|  |  |  |  |
|  |  |  |  |
|  |  |  |  |
|  |  |  |  |

# 第四章

# 通识学科
## 鸣翠课程

### 课程 1 "菜鸟"的幸福

学习资料

#### 1. 观鸟活动的由来

人类很早就注意到鸟类的存在，但据记载，第一位真正意义上的旨在寻找乐趣的观鸟者直到18世纪中叶才出现在英国乡村，他是一名乡村牧师，名叫吉尔伯特·怀特。而中国内地的观鸟活动则起步于1996年的北京和广州，随后各地观鸟组织如雨后春笋般出现。

到了现在，观鸟活动已经有了较清晰的定义，一般指人们利用望远镜等光学设备，在尽可能避免惊扰鸟类的情况下，对野生鸟类及其生存环境进行观察和记录。观鸟活动的内容则包括观察鸟类的形态、鸣叫等特征并据此辨认鸟的种类，观察鸟类的取食、栖息、繁殖、迁徙等行为，以了解鸟类与其生存环境的关系，以及观察一定区域内鸟类种群的动态变化等。

#### 2. 观鸟前准备

鸟的身体分头、颈、躯干、尾和四肢五个部分，而外形中最明显的特征就是它全身的体表都覆着羽毛。别小看这些好像谁都知道的常识，因为在观鸟中，我们会发现鸟类适应环境的能力很强，例如为适应不同环境条件，鸟爪是不一样的，有的有蹼，有的却是利爪；且鸟类为适应不同食物类型，鸟嘴前端喙的形状和大小也可能不同，了解这些有利于区分鸟的种类。

在出发前，我们需要望远镜、小记录本、笔、观鸟参考书等，并且通过网络及其他途径了解观鸟地点的交通情况和环境特点、地形特点，并根据该地的情况制订活动计划。

如果是到森林和田野观察林鸟和田鸟，最好是早晨或傍晚；中午则是观察猛禽的最佳时间；而在海边看水鸟则需根据潮汐的情况而定，涨潮时看游禽，退潮时看涉禽。

### 3. 观鸟的装备和要求

观鸟是一种户外活动，对装备的要求较高。除了防风、防雨、防寒、防雾等常规要求外，还需考虑到装备的防滑性和是否易于携带。

要注意的是，从实践经验看，屋脊型望远镜在使用中不容易出现故障，更适合观鸟使用，望远倍数8~10倍的较合适。而望远镜头上的镀膜也是需要注意的地方，红膜不适合观鸟，而淡绿、淡蓝、淡紫等颜色则较适合。

当使用单筒望远镜时，要配合质量良好的三脚架一起使用，才能降低图片晃动，提高细节辨别力。另外，装有长焦镜头的相机，也是鸟儿记录的极佳辅助品。图4-1为使用望远镜观鸟。

图4-1 使用望远镜观鸟

除了要组织周全外，还要注意安全，不要随便走入草丛或钻进密林，在开阔的环境中看到鸟的机会更大。在观鸟过程中不能大声喧哗，以免妨碍观鸟者辨别鸟的声音，或惊飞鸟儿，影响观鸟效果。人与人的交流可以利用简单的手语或耳语。观鸟过程中还要尽量不惊扰鸟类和其他动物的生活，同时避免伤害它们，离开时应带走并妥善处理活动所产生的杂物。

### 4. 如何找到野鸟

在野外观鸟，最重要的莫过于找到鸟了。这时，了解鸟的生活习性和观鸟经验就显得很重要。在野外听到鸟的叫声，便向声音的方向观察，如果地点太远，可以慢慢靠近；鸟的飞行方向一般比较有规律，与昆虫相比明显不同，可以区分。当发现鸟的飞行动作后，应立即用眼睛跟踪飞行线路，等鸟停下来时，马上用望远镜仔细搜索，这样发现鸟的概率将大大增加。

## 技能要素

（1）对观鸟活动有基本的了解。
（2）了解观鸟活动的文化内涵。
（3）初步了解观鸟的相关设备。
（4）了解观鸟活动的各个环节。

## 课程笔记

## 运用练习

（1）什么是鸟？为什么要观鸟？写出你对观鸟活动的理解。

（2）观鸟需要哪些装备？它们的作用分别是什么？

（3）作为"菜鸟"的你，明天就要去观鸟了。你打算在出发前做好哪些准备？请把你要做的准备工作列出来，完成表4-1。

表4-1 观鸟前准备工作情况表

| 序号 | 准备工作清单 |
| --- | --- |
| 1 |  |
| 2 |  |
| 3 |  |
| 4 |  |
| 5 |  |

（4）2015年12月1日，仁化县公安局森林分局联合市森林公安丹霞山工作组到丹霞山周边的山林开展了保护候鸟"清网行动"。行动中，执法人员在丹霞街道新东村成功收缴鸟网2张，共180米长。如果明天你观鸟时看到有人放置鸟网，你会怎么做？说说你的做法和理由。

## 课 程 2 早起的鸟儿有虫吃（1）

### 学习资料

鸟类在自然界的作用是指鸟类在不同生态系统（如森林生态系统，草原生态系统及农田、湖泊、海洋等生态系统）的地位和作用。鸟类是生态系统的重要成员，虽然对生产力可能没有直接重大影响，但对所食猎物有密度制约作用。此外，鸟类担负着种子及营养物的输送，参与系统内能量流动和无机物质循环，维持生态系统的稳定性。

## 技能要素

（1）学会使用双筒望远镜观察鸟类。
（2）学会使用野外观鸟工具书。
（3）能够撰写观鸟记录。
（4）能够辨别4种以上的鸟的声音。
（5）上网查询，掌握鸟类图谱。

## 课程笔记

## 运用练习

（1）按时间顺序记录你所观察到的鸟，写出发现它的时间、地点，判断其鸟名，完成表4-2。

表4-2 观鸟情况记录表

| 序号 | 鸟名 | 时间 | 地点 |
| --- | --- | --- | --- |
|  |  |  |  |
|  |  |  |  |
|  |  |  |  |
|  |  |  |  |
|  |  |  |  |
|  |  |  |  |

（2）你所观察到的鸟类有_____种，选两种你最喜欢的，画出来。

（3）三门峡黄河库区湿地自然保护区位于河南、陕西、山西三省交界处，也是河南省最大的湿地自然保护区。三门峡库区是水禽繁殖、越冬的良好栖息地，主要鸟类有天鹅、丹顶鹤、灰鹤、豆雁、野鸭、雕口、海鸥、岩鸽、乌鸦等。假如你有机会到那里观鸟，你打算怎样观鸟？请你制订一个可行的观鸟计划，并写下来。

## 课程 3 早起的鸟儿有虫吃（2）

### 学习资料

**1. 鸟的分类**

依据鸟的食性和栖息环境，鸟大致可分为四类：水禽、涉禽和走禽；食果鸟、食蜜鸟和食谷鸟；在地面和树上扑食的鸟类；食性特别的鸟类。

## 2. 达里湖自然保护区

达里湖自然保护区位于内蒙古赤峰市克什克腾旗西部贡格尔草原的西南部，是内蒙古地区四大名湖之一、内蒙古赤峰市最大的湖泊。这里鸟类丰富。每年夏季，丹顶鹤、白枕鹤、白鹤、天鹅、鸿雁、银鸥、燕鸥等百余种水禽来湖区繁衍后代，给湖区增添了勃勃生机，是名副其实的"百鸟乐园"。其中国家一级保护鸟类有丹顶鹤、大鸨（图4-2）、遗鸥、东方白鹳、黑鹳、玉带海雕、金雕、白头鹤、白尾海雕、中华秋沙鸭10种。例如大鸨（学名：Otis tarda），被列入CITES Ⅱ附录的国家一级保护动物，体长75~105厘米，头顶及前胸灰色。

图4-2 大鸨

### 技能要素

（1）掌握鸟的分类。
（2）了解不同种类鸟的习性。

### 课程笔记

### 运用练习

（1）绘制各种创意图案，说明各种鸟类在达里湖自然保护区的栖息地点（图例类型：树林、农场、树林边缘、灌木及林木下层、荆棘等带刺植物形成的矮树林、开阔荒地、湖泊河流及其流域、高地溪流、沙岸或者岩岸、淡水沼泽和湿地、山区等）。

（2）将听到的鸟声用文字或者拼音记录下来（例如：咕咕咕），并判断鸟名（用学名表示），完成表 4-3。

表 4-3　听声辨鸟填写表

| 声音： | 学名： |
| --- | --- |
| 声音： | 学名： |
| 声音： | 学名： |
| 声音： | 学名： |

（3）你认为我们该如何保护大鸨？是建立自然保护区，还是让它们在动物园接受保护会比较好？说说你的选择和理由。

（4）2015年，我国海军某舰队一架飞机在训练中发生飞行事故，飞机坠毁，机组人员及时跳伞，事故未造成人员伤亡。消息发布后受到社会各方关注。经调查，事故真相披露：战机坠落是因为在空中意外遭受鸟撞。在此次事件中，失事发动机进气道内壁存在一条长约80厘米、宽约10厘米的喷射状血迹，并在内部叶片上发现多处软组织残留痕迹。经鉴定，判定发动机叶片损坏为鸟撞所致，所撞击的是一只体重在1~1.3千克的成年绿头鸭。请你说说你对"飞机撞鸟"的看法。

# 第五章

# 营地社交

## 课程 1 我的队友你在哪里

### 1. 情景（1）

据说，1910年，美军部队的一次命令传递是这样的：

营长对值班军官：明晚8点钟左右，在这个地区将可能看到哈雷彗星，这种彗星每隔76年才能看见一次。命令所有士兵着野战服在操场上集合，我将向他们解释这一罕见的现象。如果下雨的话，就在礼堂集合，我为他们放一部有关彗星的影片。

值班军官对连长：……

连长对排长：……

排长对班长：……

班长对士兵：……

任务：

每个游戏小组（8人）的同学坐成一列，从坐在排头的同学开始对后面的同学进行指令传达，以此类推一个接一个传话到最后的同学，最后的同学将这个指令写在纸上。看看最后哪个小组的指令最正确。

### 2. 情景（2）

期待已久的丹霞山夏令营终于要开始了，组委会给大家安排了上午8:30从广州火车站出发的火车。到了8:15的时候，火车开始验票了。但是由于部分同学集合晚了，再加上排队进站、安检的人非常多，结果8:30的时候同学们还没进站，错过了这趟车。由于暑假期间火车出行人数非常多，只能重新买下午出发的火车，到丹霞山的时候天已经黑了，结果今天的课程都耽误了……

请演练这个情景并说说你的感受。

### 3. 情景（3）

老师交代了明天课程要带的物品：防水衣、望远镜、郊外午餐。

小明认为明天不会下雨所以没带雨衣，而小王觉得望远镜太重所以没有背出去，小王则认为午餐可以到时候再买，你猜第二天会出现什么状况？

### 4. 情景（4）

这天全部营员要离开酒店，到博物馆参观学习。小王是最后一个离开房间的，因为他需要整理一些东西。当从博物馆回来之后，跟小王同住的小明发现放在房间里床头的零食不见了，他认为是同住的小王偷吃了，很生气。接下来会出现什么情况呢？

（是不是有其他人来过房间？小明可能把零食吃光了，或者是带到其他地方。零食真的是小王偷吃了吗？……）

#### 技能要素

（1）学会倾听信息并准确传达。
（2）学会高效对话。
（3）培养纪律意识。
（4）听从指示。
（5）学会先思考再行动。

#### 课程笔记

#### 运用练习

（1）给你一次机会，你能做到这些吗？

要求：活动中，在你能做到的技能要素后打"√"，并思考有何改进之处（或欠缺何种技能要素）以及下次该如何倾听他人。完成表 5-1 和表 5-2。

表 5-1　如何倾听同学的故事

| 对象 | 倾听你同学的故事 |
|---|---|
| 技能要素 — 看着说话人 | |
| 技能要素 — 用明确的面部表情和肢体语言回应 | |
| 技能要素 — 精力集中聆听说话内容，全神贯注于对方所说的事 | |
| 技能要素 — 如果对方向你提问，通过回答或是点头表明你已听到 | |
| 技能要素 — 如果你不理解或有疑惑，请提问 | |
| 以后我该怎么做 | |

表 5-2　如何把故事告诉同学

| 对象 | 把你的故事告诉你的同学 |
|---|---|
| 技能要素 — 与他人交谈时，要面向对方，并且与对方保持目光的交流，用积极的态度向对方致意 | |
| 技能要素 — 寻找对方感兴趣的事物作为切入点 | |
| 技能要素 — 判断对方是否在听你说话：他在看着你吗？在点头吗？是否专心 | |
| 技能要素 — 弄清楚对方是否正确理解你的意思 | |
| 技能要素 — 允许对方表达自己的想法，细心倾听对方的观点 | |
| 技能要素 — 保持谈话的趣味，可问好、握手并赞美对方 | |
| 以后我该怎么做 | |

（2）认识自己的团队，完成表5-3。

表5-3　认识自己的团队

| 团名 | |
|---|---|
| 团长 | |
| 队名 | |
| 队服 | |
| 队长 | |

（3）我的朋友，我记住你。

要求：轮流自我介绍姓名、自然名及自然名来源。并记下你认识的伙伴，越多越好。完成表5-4。

表5-4　团友姓名记录表

| 姓名 | 自然名 | 来源 | 姓名 | 自然名 | 来源 |
|---|---|---|---|---|---|
| | | | | | |
| | | | | | |
| | | | | | |
| | | | | | |
| | | | | | |
| | | | | | |

（4）请每个小组选出一名纪律委员，然后小组成员共同制定京蒙科考营期间的规则，并且确定违规后的惩罚措施。纪律委员负责监督记录执行情况，并每天向老师汇报（要求：规则公平，惩罚合理）。

如：不准迟到，否则惩罚帮组员提东西1个小时；不准浪费粮食，否则要表演一个节目……

①我们小组的纪律委员是：_____。
②制定小组的规则，完成表 5-5。

表 5-5　小组规则制定表

| 规则 | 惩罚措施 |
| --- | --- |
|  |  |
|  |  |
|  |  |
|  |  |

③记录小组规则执行情况，完成表 5-6。

表 5-6　小组规则执行情况填写表

| 日期 | 纪律情况 | 日期 | 纪律情况 |
| --- | --- | --- | --- |
|  |  |  |  |
|  |  |  |  |
|  |  |  |  |
|  |  |  |  |
|  |  |  |  |
|  |  |  |  |

（5）你觉得除了纪律委员外，我们还需要哪些角色呢？

（6）为更好地让大家遵守小组规定，请完成以下制定的组员与纪律委员之间的"合约"。

合　约

本人，_____（组员自然名），在此承诺严格遵守_____队的规章制度，并甘愿接受惩罚措施。

本合同的目的是在夏令营期间营造有利于学习和生活的良好氛围。

本人，_____（纪律委员签字），接受孩子的承诺。

（7）请记录本次夏令营期间你将为团队所做的贡献。

第五章 营地社交

（8）请记录按照队长指示完成的一件事，并说说感受。

（9）列出以下行动的后果并写出原本可以怎么做，完成表5-7。

表5-7 行为—后果—做法填写表

| 行为情景 | 可能的后果 | 经过思考后你会怎么做 |
| --- | --- | --- |
| 小明在吃围餐的时候装了三大碗饭菜 | | |
| 老师在博物馆讲课的时候小明大声喧哗 | | |
| 小明在山上触碰一朵色彩鲜艳的蘑菇，随后没有洗手就直接吃东西 | | |

（10）采访你的其中一名组员，问他（她）是否试过在没有全面了解情况下就贸然采取行动，后果是什么？

197

（11）经过这次课程演练，你的感受是什么？请写下来。

## 课程 2 赏识自己

### 学习资料

1. 情景（1）

请大家每个人拿出一张纸，在上面写上自己的优点，但是不能写涉及自己身份的信息，要求写得简洁，并在最后写上自己的姓名。然后把写的纸条收起来，随机抽取并朗读，让大家猜猜所读内容是谁写的。

2. 情景（2）

（1）小成正在认真地画作业地图，小明和小王顾着打闹撞了小成的桌子，导致小成手一滑毁了整个地图，然而小明和小成继续打闹根本没有想要道歉的意思，小成非常生气，把小明和小王推倒在地上……

（2）小青还没来得及完成作业，这时候小明和小王邀请她去看日落。小青既想要完成作业，又想去看日落，这时候小青应该怎么办？

（3）传瓶游戏。每轮传瓶结束时，持瓶人须讲述京蒙科考营接下来课程的大目标和小目标，以及自己想听到的表扬和想得到的物质奖励是什么？

### 技能要素

（1）学会提升自我形象。
（2）学会承担后果。
（3）学会自我约束。

（4）学会树立目标。
（5）学会使用自我奖励法。

📋 课程笔记

（1）了解自己，写出你心目中的自己是怎样的一个人。

（2）分别写出一件在家、在学校或者在夏令营中你做得十分出色的事情，并用完整的句子描述你认为做得好的原因。完成表 5-8。

表 5-8　自己做得出色的事情记录

| 地点 | 这件事我做得真棒 | 棒在哪里 |
| --- | --- | --- |
| 在家 | | |
| 在学校 | | |
| 在夏令营期间 | | |

（3）请在下列不当行为后面，写出相应的后果。完成表5-9。

表5-9　不当行为的后果填写表

| 不当行为 | 相应后果 |
| --- | --- |
| 在公共场合内打闹 | |
| 因过度玩耍而忘记写作业 | |
| 暴饮暴食 | |
| 编造关于别人的故事 | |
| 因赖床而频繁迟到 | |

（4）从上面的不当行为中选取两种加以研究并改善。

（5）说出真心话（找一个小伙伴一起完成下面的采访，被采访者姓名_____）。
①说一件你以前做过的错事以及相应的后果。

②这件事对你的影响如何？

③这件事对你的启发。

（6）接下来，在京蒙科考营期间每用到一项自我控制的技能要素，就在对应栏里打一个"√"，并在表5-10下面的框内写句简短的话，表达自我约束后的感想。例如，我没有偷懒坚持每天完成作业等。

表5-10　自我控制的技能要素使用情况填写表

| 技能要素 | 日　　期 | | | | |
|---|---|---|---|---|---|
| | | | | | |
| 辨别你的感受（愤怒、害怕） | | | | | |
| 静下来分析是什么情况给你造成这样的感觉 | | | | | |
| 聚集于积极的结果讨论带来压力的事态 | | | | | |
| 努力控制情绪（从1数到10），保持冷静 | | | | | |

续上表

| 技能要素 | 日　期 | | | | |
|---|---|---|---|---|---|
| 接受无力改变的事实 | | | | | |
| 如果需要就请求帮助，把困扰告诉老师或是可信任的长辈 | | | | | |
| 做对你最有益的事，为你自己的幸福负责 | | | | | |

感想：

（7）根据下列各种场景，在 a 后面的横线上写出合适的行动，在 b 后面的横线上写出不当的行动。

①你不懂做数学作业，但你的朋友已经做了。

　　a._____
　　b._____

②某人撞了你一下，你的书掉了一地，而对方根本没有想要帮你捡起来的意思。

　　a._____
　　b._____

③一名同学向你借了一个你非常喜欢的东西，但他却把它弄丢了。

　　a._____
　　b._____

（8）接下来，你要开始树立本次自然行动的课程目标。如果当天你为完成目标做出了努力，请在相应位置打"√"。

表5-11 努力完成课程目标情况表

| 课程类别 | 我的目标 | 第一天 | 第二天 | 第三天 | 第四天 | 第五天 | 是否完成目标 |
|---|---|---|---|---|---|---|---|
| 岩石课程（如：认识三种地貌类型） | | | | | | | |
| 综合考察课程（如：学会1种科学考察方法） | | | | | | | |
| 文化课程（如：认识3名文化人物） | | | | | | | |
| 思辨课程（如：学会辨别事实） | | | | | | | |
| 欢乐课程（如：学会5个交往技能） | | | | | | | |

（9）你完成了既定目标，很有成就感！其实成就感本身就是一种奖励。把你当前的行为表现和自己想要实现的目标比较一下，设立你的短期目标和长期目标，并确定你完成目标后将如何奖励自己？把你的答案写出来。完成表5-12。

例如：我睡觉晚，因此上课就犯困。

目标：晚上9点，我就上床睡觉。

奖励：如果完成目标，奖励自己第二天听歌半小时。

表5-12 目标完成情况与奖励填写表

| | 我的目标 | 我的奖励 |
|---|---|---|
| 周目标1 | | |
| 周目标2 | | |
| 月目标1 | | |
| 月目标2 | | |
| 半年目标1 | | |
| 半年目标2 | | |
| 年目标1 | | |
| 年目标2 | | |

（10）请写下你本次京蒙科考营的大目标和小目标。例如，大目标是我坚持完成每天的课程，小目标是我在此过程中不哭不闹，帮助他人等，并写下如完成该目标你将如何奖励自己，可以是口头奖励、物质奖励或者行为奖励，如听10分钟音乐。完成表5-13。

表5-13　京蒙科考的目标完成情况与奖励填写表

| 我的目标 | | 我的奖励 | 感受 |
| --- | --- | --- | --- |
| 大目标 | | | |
| 小目标 | | | |
| | | | |
| | | | |

（11）写出此次课程演练的感受。

## 课程 3　LOVE

### 学习资料

1. 情景（1）

新队友的加入为你的团队带来怎样的变化？你能分享一下你的感受吗？

2. 情景（2）

小组内选一名学生，各组员学生轮流说出对方的优秀品质，最后被鼓励者说出自己的感受。

### 3. 情景（3）

在思辨课程的时候，植物组展示了今天所发现的事实及观点，岩石组的小明立马发现问题，当众指出了植物组的很多错误，植物组的小王认为自己小组都是正确的，所以非常生气，上前把小明推倒在地上……

### 4. 情景（4）

（1）岩石课程的作业今晚就要交了，但是小青还没完成，这时候小明和小王邀请她去看日落。小青想要完成作业，所以拒绝了小明和小王的邀请，结果小明和小王说小青是个书呆子……

（2）小明和小王走出房间打算去吃饭。突然他们看到地上有一个钱包。小明捡起钱包，发现里面有钱。小王感到很兴奋，他想和小明把钱分了，然后可以去饭店吃一顿好的。可是小明想了想，他决定把钱包拿到前台，原封不动地还给失主。小王急了，说小明真傻，但是小明跟小王说……小王想了想，最后接纳了小明的想法，并把钱包一起拿到了酒店前台后，又一起高兴地去吃饭了。

### 技能要素

（1）学会接受新变化。
（2）学会剔除偏见。
（3）学会保持镇静。
（4）学会平息愤怒。
（5）学会处理同伴压力。

### 课程笔记

### 运用练习

（1）请根据你这几天的观察，列出你的家乡和内蒙古地区的异同，并写下你是如何适应这里的生活的。如饮食习惯、生活习惯等。

　　　　　　　相同之处　　　　　　　　　　　不同之处

_____　　　　　_____

_____　　　　　_____

_____　　　　　_____

_____

　　我是这样适应的：

_____

_____

_____

_____

（2）请用完整的句子，描述过去一年中你家里发生的一些变化，并写出你对这些变化的适应。

（3）每个人真心说出别人的优点。完成表5-14。

表5-14　记录别人优点

| 姓名 | 我认为他（她）的优点是 | 别人眼中他（她）的优点是 |
| --- | --- | --- |
|  |  |  |
|  |  |  |
|  |  |  |
|  |  |  |
|  |  |  |
|  |  |  |
|  |  |  |

（4）请观察身边的人（如老师、父母、好朋友等），并找出其身上的优秀特质。将其姓名和优秀特质写在下方。完成表5-15。

表5-15　身边人的优秀特质填写表

| 姓名 | 优秀特质 |
| --- | --- |
|  |  |
|  |  |
|  |  |
|  |  |
|  |  |
|  |  |
|  |  |
|  |  |
|  |  |

（5）一笑泯恩仇。

①描写一个曾经令你特别生气以至于失去理智的事情。
_____
_____

②描述你特别生气的原因以及失去理智之后你的感受。
_____
_____

③利用保持镇静的技能要素，思考如果再发生这种情况，你怎样做才更妥当？
_____
_____

（6）询问你的组员，曾经有什么事让他们失去理智？并说说你从这次调查中学到了什么？

（7）根据敏感领域，写下能够引起争吵的或者具有攻击性的"触发词语"，以后听到的时候，注意控制好自己，也避免使用这些词。完成表5-16。

图5-16 敏感领域及"触及词语"填写表

| 敏感领域 | 触发词语 | 敏感领域 | 触发词语 |
| --- | --- | --- | --- |
| 能力/天赋 | | 外表 | |
| 家庭 | | 职业 | |
| 年龄 | | 性格 | |
| 种族 | | 社会地位 | |

（8）思考如果评价他人时采用以上这些触发词语，会给他人带来怎样的影响。

（9）应对愤怒。
①描述一次你让别人生气的经历。

②最后你是如何解决的？

③运用平息愤怒的技能要素，说说下次再遇上这类事情你将如何解决。

（10）我是独一无二的。
①我的同龄群体有这些特征（发型、衣着、帽子等）：

②喜欢/不喜欢的事物（偶像、电影等）：

③态度/感受（对于学校、学科等的态度）：

④在这方面我是独一无二的（填写图5-1），我很骄傲：

图5-1 独一无二的"ME"

⑤我认为这很重要，因为：

_____

_____

## 课程 4 我的生日会

### 学习资料

**1. 情景（1）**

我们现在要举办一个生日会。为了完成《我的生日会》，请每个小组展示你所做的事情及所收集的信息。

**2. 情景（2）**

请每个小组讨论本次生日策划会过程中该完成的任务的排序，并且按照排序严格执行。

**3. 情景（3）**

你是根据什么来确定选择这份生日礼物的？你的喜好？他（她）的爱好？礼物的价钱？实用性？……

**4. 情景（4）**

给他（她）一个难忘的生日会。

## 5. 情景（5）

讨论生日会的具体流程。

 技能要素

（1）学会收集信息。
（2）设置优先权。
（3）学会做决策。
（4）学会解决问题。
（5）学会及时完成任务。

 课程笔记

 运用练习

（1）请你想想如何给他（她）一个难忘的生日。

（2）写出为完成《我的生日会》需要进行的任务，并且分出这些任务的优先次序，然后说明这样安排的理由，并完成表5-17。

① _____

② _____

③ _____
④ _____
⑤ _____
⑥ _____
……

表5-17  确立优先次序及理由填写表

| 序号 | 排列任务和活动的优先次序 | 根本原因 |
|---|---|---|
| 1 | | |
| 2 | | |
| 3 | | |
| 4 | | |
| 5 | | |
| 6 | | |
| …… | | |

（3）请小组就你们设置优先权所做的决定进行讨论，写下讨论结果。

（4）做到事务安排井然有序。
① 列举五个近期需要完成的任务。

a._____

b._____

c._____

d._____

e._____

②问自己下列问题：
a. 完成这项任务需要花多长时间？
b. 这项任务难度有多大？
c. 我是独自完成还是需要别人协助？
d. 完不成任务的后果是什么？
e. 我的决定会影响别人吗？
f. 其中一些任务有截止日期吗？
③我将按如下所述，处理我的工作。

a._____

b._____

c._____

d._____

e._____

（5）我的最佳决定。
①分出你做出这个决策的考虑次序，然后说明选择这个礼物的理由。
a. 我觉得我收到这个礼物会很开心。
b. 我了解到他（她）喜欢这个东西。
c. 这个礼物的实用性很强。
d. 我了解到他（她）需要这个东西。
e. 这个东西很美观。
f. 这个礼物性价比很高。
②我们小组准备的礼物是：_____。完成表5-18。

表5-18 做出决策的考虑次序及理由填写表

| 序号 | 做出决策的考虑次序及理由 |
| --- | --- |
| 1 | |
| 2 | |
| 3 | |
| 4 | |
| 5 | |
| 6 | |

③请小组就你们所做的决策进行讨论,并写出讨论结果。

(6)决策步骤。

请组员和你一起分享他(她)进行一次决策的过程,例如去文具店买文具等,把信息分成不同步骤并记录在下面。

步骤1:
步骤2:
步骤3:
步骤4:
步骤5:

(7)解决问题。

请列出你思考如何举办生日会过程中遇到的问题及解决方式,并写下你在这个过程中的收获。完成表5-19。

表 5-19　所遇问题—解决方法—收获填写表

| 所遇问题 | 解决方法 | 收获 |
|---|---|---|
|  |  |  |
|  |  |  |
|  |  |  |
|  |  |  |

（8）做出决定。

写出你在家中遇到的一个问题，以及你解决该问题的过程，完成此课外活动单。

（9）完成任务。

①为了完成《我的生日会》，请列出你需要做的事情。

②确定《我的生日会》流程。

（10）记录一周内你所完成的任务。如果每项任务完成了，请给自己一个奖励。完成表5-20。

表5-20 每周任务及完成情况填写表

| 任务 | 周一 | 周二 | 周三 | 周四 | 周五 |
|---|---|---|---|---|---|
| 1. | | | | | |
| 2. | | | | | |
| 3. | | | | | |
| 4. | | | | | |
| 5. | | | | | |
| 6. | | | | | |
| 7. | | | | | |

## 课程 5 我是一棵"树"

### 学习资料

诗是我这样的愚人所著，而唯有上帝能创造一棵树——乔埃斯·基尔默《树》。

有一个人，只因为写过一首诗而享誉全美国，他就是乔埃斯·基尔默，这首诗就是《树》。无数摄影家以这首诗为灵感，创作出很多不同造型，也有一些作曲家以《树》为主要灵感源泉创作了音乐和歌曲。

让我们一起欣赏这首优美的诗歌：

## Trees
### by Joyce Kilmer

I think that I shall never see,
A poem lovely as a tree;
A tree whose hungry mouth is prest,
Against the earth's sweet flowing breast;
A tree that looks at God all day,
And lifts her leafy arms to pray;
A tree that may in Summer wear,
A nest of robins in her hair;
Upon whose bosom snow has lain,
Who intimately lives with rain.
Poems are made by fools like me,
But only God can make a tree.

 **技能要素**

（1）仔细观察树的细节。
（2）全身心投入进行模仿，创作出不同的造型。

 **课程笔记**

### 运用练习

（1）观察树的姿态，团队合作模仿树的姿态，并简画出来。

（2）寻找行程中自己最有感觉的一棵树，画下它的样子，并创作出不同的造型。

# 第六章

## 思辨探讨
## 思辨·批判性思维

### 课程　学会区别事实和观点

**学习资料**

王同学要给爸爸妈妈打电话，聊起今天白天的学习情况。妈妈问："今天你看到了什么啊？"小王同学回答："今天我看到了四种毛毛虫，他们都会变成蝴蝶。"妈妈说："为什么都会变成蝴蝶？"小王同学说："因为它们都非常漂亮。"

你认为小王今天看到了四种蝴蝶幼虫吗？为什么？

**技能要素**

（1）事实是真实存在的现象。
（2）事实在很多时候是有可能去证明真假的。
（3）把事实分类可以观察我们关注世界的侧重点。

**课程笔记**

 运用练习

（1）在表6-1中填写你所看到的事实和得出的观点。

表6-1　所见事实与得出观点填写表

| 事实 | 观点 |
| --- | --- |
| 1. | |
| 2. | |
| 3. | |
| 4. | |
| 5. | |
| 6. | |
| 7. | |
| 8. | |
| 9. | |
| 10. | |
| 11. | |
| 12. | |
| 13. | |
| 14. | |
| 15. | |

（2）用学到的方法，预计一下你将从哪几方面去观察周围的世界。

# 思辨·逻辑性思维

## 课 程　学会用事实去支持观点

### 学习资料

今天的学习丰富多彩，现在老师要大家用《我心目中的达里湖》为名，写一篇议论文。要求有观点、有证据。我们怎么样才能出色地完成这个作业呢？图6-1为达里湖一隅。

### 技能要素

（1）用实践证明对错，实事求是是实践的唯一标准。

（2）观点是很难争辩出对错的。

（3）观点有的时候是单一证据可以说明的，有的需要多个证据才能说明。

图6-1　达里湖

（4）分辨事实陈述和观点陈述以保证自己质疑的能力。

📝 **课程笔记**

📝 **运用练习**

（1）在表6-2中填写今天你看到的事实，并分类。

表6-2 事实分类情况表

| 事实 | 类别 |
|---|---|
| 1. | |
| 2. | |
| 3. | |
| 4. | |
| 5. | |
| 6. | |
| 7. | |
| 8. | |
| 9. | |

续上表

| 事实 | 类别 |
|---|---|
| 10. | |
| 11. | |
| 12. | |
| 13. | |
| 14. | |
| 15. | |

（2）用今天学到的方法，写一篇关于达里湖的短文。格式如下：

我心目中的达里湖

我的观点：

我的理由：

我的证据（1）：

我的证据（2）：

我的证据（3）：

# 思辨·结构性思维

## 课 程　让问题变得更清晰

### 学习资料

学校的老师要带领大家外出进行自然力课程。老师要求每一位同学做一份出行前物资准备清单，并且要求在规定时间内进行出行前相关内容的复习和整理。

小丽思考了好久，决定做一份思维脑图来梳理自己的思路。

### 技能要素

（1）同时处理繁多事物前，要思考行动的先后次序以及处理办法。
（2）运用结构性的方法来重构问题处理方法。
（3）思维脑图和表格、示意图、分段记录等方法都是结构性思维的表现形式。

### 课程笔记

## 运用练习

（1）将小组讨论后的观点用思维脑图的方式呈现出来。

（2）请利用思维脑图的方式，做一个观察记录。